Axel von Blomberg

Die schönsten Radtouren rund um Berlin

Ich danke Dr. Kai-Uwe Thiessenhusen für die Mitwirkung an diesem Buch.

Impressum

8. Auflage 2009

Buch- und Umschlaggestaltung: Green Tomato, Bielefeld

Titelfoto: Schlosspark Babelsberg (Axel v. Blomberg)
Fotos: Axel v. Blomberg, TMB Tourismus Marketing Brandenburg GmbH, TMB-Fotoarchiv/Böttcher (S. 126), SPSG/Handrick (S. 107)

Kartographie: Bielefelder Verlag

Druck: Buchkunst Klingenberg, Leipzig

ISBN 978-3-87073-130-3

Vorwort

Es gibt gröbliche Augen, die gleich nach einem Gletscher oder Meeressturm verlangen.« Leuten mit dieser Denkungsart rät Fontane von märkischen Touren ab. Um die Mark zu bereisen sei »Liebe zu Land und Leuten vonnöten«. Und die wollen auch wir aufbringen. Aber ferner sagt er von sich »Immer bin ich unterwegs, immer in Bewegung und am liebsten ohne vorgeschriebene Marschroute, ganz nach Lust und Laune.« Das lässt sich gut verstehen, ist aber heute per Rad nicht mehr sinnvoll. Fontane reiste meist per Bahn und Kutsche. Die Wege, die er nutzte, sind heute nicht mehr die geheimsten, die Alleen gehören zu den gefährlichsten in Deutschland. Fontanes Ziele, die Kirchen und Herrenhäuser, erreichen wir deshalb auf unseren eigenen Schleichwegen, auch wenn es manchmal etwas sandig ist oder holpert. Unterwegs werden wir auch immer wieder unserem Spazierenschreiber Fontane und seiner bildhaften Sprache begegnen, durch die unsere Erfahrung der Landschaft noch intensiver wird.

Der Ihnen vorliegende Band beschreibt im Uhrzeigersinn um die Stadt – jetzt schon in der 8. Auflage – die schönsten Radtouren rund um Berlin. Wir bewegen uns also im sogenannten Speckgürtel oder dem S-Bahn-Bereich.

Die weiter entfernt liegenden Touren sind in dem Band »Die schönsten Radwanderungen durch die Mark Brandenburg« beschrieben. Die endlich auch in Berlin greifenden Maßnahmen zur Entwicklung eines Radroutennetzes lassen die Sammlung mit einem Band »Die schönsten Radtouren in Berlin« ergänzen.

Die schönsten Radtouren

Erfährt das Berliner Umland heute nicht einen mindestens ebenso gewaltigen Umbruch wie vor 100 Jahren? Rund um Berlin hat die Entwicklung zum Speckgürtel begonnen, weil Menschen aus der Stadt ziehen, während an den Rändern die Landflucht eingesetzt hat. Die Brandenburgische Landesregierung versucht, diesem Trend entgegenzuwirken, viele Freizeiteinrichtungen wie Spaßbäder (z. B. Bad Saarow, Bad Wilsnack, Lübbenau, Templin) oder Radfernwege (Gurkenradweg, Oder-Neiße-Radweg, R1, Spreeradweg) entstehen in den berlinferneren Regionen. Als Aktivist des Allgemeinen Deutschen Fahrrad-Clubs in Potsdam ist mir klar, dass die vielen Veränderungen eigentlich eine jährliche Umlegung der Routen nötig machen würden. Aber ist das wirklich sinnvoll?

Die Anfang der 90er-Jahre aufwändig mit dem Rad erkundeten und zum Teil noch anhand von Satellitenbildern (!) entwickelten Routen sind zu schön, um einfach über Bord geworfen zu werden. Anhand der Fotos aus dem All konnte man erkennen, wo herrliche Mischwälder und Klarwasserseen lagen oder wo eintönige Kiefernpflanzungen, große Ackerflächen, Bergbaugebiete oder vom Militär verschlissene Gebiete überwogen. Die Routen wurden dann bevorzugt in die Landschaften mit einem hohen Wald- und Wasseranteil gelegt. Achten Sie mal darauf, meist begleiten diese Touren ein Gewässer! Sie verlaufen über Wanderwege und ruhige Landstraßen, und ich hoffe auf die Zustimmung des Lesers, wenn mir weiterhin die Schönheit der Landschaften wichtiger ist als die am glattesten asphaltierten Radwege. Wo möglich, nenne ich Ihnen beide Fahrmöglichkeiten – Weg und Straße. Viele Leser haben diese kleinen Freiheiten schätzen gelernt.

Die meisten Touren lassen sich miteinander verknüpfen, gemütliche Radwanderer können dann z. B. in einer Pension übernachten und am nächsten Tag weiterfahren.

Im Norden Berlins (**Touren Tegel und Oranienburg**) reihen sich im Naturpark Barnim verschiedene Landschaftsschutzgebiete aneinander. Besonders reizvoll ist die eiszeitliche Schmelzwasserrinne mit Briesetal, Rahmersee, Wandlitzsee und Liepnitzsee.

Im Osten (**Touren Barnim und Müggelsee**) liegt das große LSG Blumenthal. Daran schließt sich Erkner an, das viele Wanderungen durch das Grünheider Wald- und Seengebiet und durch die Spreeauen ermöglicht.

Im Süden (Touren Nottekanal und Teltowkanal) bewährt sich seit 1992 die S-Bahn nach Blankenfelde. Direkt am Stadtrand beginnt der Teltow. Mit der Nutheniederung bietet der Süden auch flache Luchgebiete mit Sumpfwiesen, z. B. die Naturschutzgebiete Blankensee und Rangsdorfer See.

Im Westen (Touren Schwielowsee, Unterhavel und Brieselang) finden wir die wertvolle Havellandschaft. Verknüpft mit dem kulturellen Erbe der Lennéschen Parklandschaften ist sie der Höhepunkt für den Touristen. Die Reihenfolge der Seen, die den Fluss charakterisieren, ist schwer zu verfolgen.

Die interessanten Anziehungspunkte wie Spreewald, Märkische Schweiz, Chorin, der Fläming, etc. werden im Band »Die schönsten Radwanderungen durch die Mark Brandenburg« vorgestellt.

Radfahren in der Umgebung von Berlin

Noch immer ist die Besiedlungsdichte des Berliner Umlandes mit ca. 100 Einwohnern pro Quadratkilometer im Vergleich mit anderen deutschen Ballungsräumen gering. Besonders schön, aber manchmal auch gefährlich sind die Alleen, die man in den alten Bundesländern kaum noch antrifft. Um dem gestiegenen Autoverkehr im Einzugsbereich der Metropole auszuweichen, finden Sie für den Nahbereich der Stadt Vorschläge für Schleichwege, die oft etwas kompliziert sind, da ausgeschilderte Radwege immer noch selten sind und, soweit vorhanden, radial aus der Stadt hinausführen.

Die Befahrbarkeit unbefestigter Wegstücke hängt stark von der Witterung ab. So sind Sandwege nach Regen besser zu befahren als nach langer Trockenheit. Doch können die Strecken, die hier beschrieben werden, mit genügend Zeit und etwas breiterer Bereifung jederzeit befahren werden. Längere Steigungen gibt es in der Umgebung von Berlin nicht, brauchen also auch nicht extra erwähnt zu werden.

Die Gastronomie ist besser und flexibler geworden, im Text wird auf Möglichkeiten zur Einkehr hingewiesen. Nehmen Sie sich dennoch etwas Verpflegung mit. Oft ist das schönste an einer Landpartie das gemeinsame Picknick in der Natur.

Bitte schützen Sie die Natur: Bleiben Sie auf den Wegen, beachten Sie die Fluchtdistanz von scheuen Vögeln. In den Wäldern gilt wegen der Brandgefahr striktes Rauchverbot, in Brandenburg gar zeitweise Betretungsverbot.

Karten und Wegweisung

Im Bielefelder Verlag sind auch die **ADFC-Regionalkarten** Berlin und Potsdam 1:75.000 erschienen, die mit diesem Buch abgestimmt sind. Beide erscheinen regelmäßig in Neuauflagen auf dem Markt – veraltete Karten helfen Ihnen in dieser Zeit rund um Berlin nicht gut weiter.

Endlich entstehen auch in und um Berlin beschilderte Radrouten. Meist werden Sie durch grüne Schrift und Fahrradpiktogramme auf weißem Grund gekennzeichnet. Auf Wanderwegen achten Sie auf die weißen Felder mit einem farbigen Querstrich an den Bäumen. Entsprechende Hinweise finden Sie in den blauen Infokästen zu Beginn der Tourenbeschreibungen.

Rad und Bahn

Die Touren enden nicht immer am selben Bahnhof, an dem sie starten. Wozu auch – hat doch Berlin eines der ältesten und dennoch besten Nahverkehrssysteme der Welt. Jährlich werden über 10 Millionen Mal Räder transportiert. Von 166 S-Bahnhöfen aus, die meisten inzwischen mit Rampen oder Fahrstühlen, können Sie den Ballungsraum Berlin im schnellen Takt befahren (alle 10 oder 20 Minuten).

Die Bahn hat ihren Teil dazu beigetragen, die Engpässe auf überlasteten Linien zu beseitigen und mit Regionalbahnen, so weit es geht, stadteinwärts zu fahren. Erfreulich sind die Vertaktung der Regionalbahnen meistens stündlich. Bei S- und U-Bahn gibt es keine Beschränkungen für die Fahrradmitnahme. Auch alle Regionalzüge nehmen Fahrräder mit, das Platzangebot ist in den Doppelstock-Niederflurwagen größer und leichter zu erreichen als in Triebwagen.

Die Weiße Flotte Potsdam transportiert Räder in Einzelfällen. Die Stern- und Kreis-Schifffahrt lehnt den Transport von Rädern

Das Teehaus in Potsdam

Vor Schloss Oranienburg

leider grundsätzlich ab. Alle Fähren mit VBB-Tarif nehmen Räder mit. Auch die Potsdamer Wassertaxis transportieren Fahrräder neuerdings.

Wer häufig mit meinem Buch in der Umgebung von Berlin radelt, sollte erwägen, eine Fahrrad Monatskarte zu erwerben, sonst ist man mit der DB-Fünfer-Karte fürs Rad wohl besser beraten. Für die Planung gibt die DB Auskunft unter Tel. 03 31/ 235 68 81. Das Kundenbüro der S-Bahn erreichen Sie unter 030/ 29 71 98 43.

Ihren persönlichen Fahrplan stellen Sie am besten unter www.vbb-fahrinfo.de zusammen. Sie geben einfach Ihren individuellen Startbahnhof im Tarifsystem des VBB und den von mir genannten Ausgangsbahnhof ein und es erscheint die günstigste Verbindung. Mit der Rückfahrt machen Sie es entsprechend.

Information

Tourismus Marketing Brandenburg (TMB),
Am Neuen Markt 1
14467 Potsdam,
Tel. 03 31 / 200 47 47
www.reiseland-Brandenburg.de,

ADFC Berlin
Brunnenstraße 28
10119 Berlin
Tel. 030 / 448 47 24
oder
ADFC Brandenburg
Gutenbergstr. 76
Tel. 03 31 / 280 05 95

im **Internet** www.adfc.de:
Auskünfte und die aktuellste Literatur rund ums Rad.

Fahrradverleih

- in der Fahrradstation in den Hackeschen Höfen am S-Bahnhof Hackescher Markt, Tel. 030 / 28 59 98 95,
- in **Potsdam** und **Wannsee**, bei Potsdam per Pedales am S-Bahnhof, Tel. 03 31 / 74 80 05 7

Wenn Sie Anregungen oder Kritik äußern möchten,
rufen Sie mich an unter 030 / 791 42 98
oder mailen Sie mir an axel.blomberg@berlin.de.

Alle Touren in diesem Buch können Sie auch geführt durch den Autor erleben. Infos unter www.radkultour.de

Radtouren
10
Autobahn
Hbf
Bf
Bahnlinie mit Bahnhof (in Auswahl)
S
S-Bahn-Haltestelle (in Auswahl)
Tour Oranienburg
Oranien-burg
Hohen-
Velten
Neuendorf
Hennigsdorf
111
Tour Brieselang
Tour Tegel
Nauen
Brieselang
Falkensee
Tegeler See
Havel - Kanal
Havel
115
Ketzin
Tour Unterhavel
Wann-see
Teltow - kanal
Tour Teltowkanal
Werder
Potsdam
Stahnsdorf
Schwielow-see
Tour Schwielow-see
2
9
Lehnin
Ludwigsfelde
Beelitz

Wandlitz-
see
Biesenthal
11
Tour
Tegel
Tour
Oranienburg
Tour
Barnim
Bernau
Zepernick
Strausberg
10
Eggersdorf
Berlin
Neuen-
hagen
Schöneiche
Spree
Tour Müggelsee
100
Erkner
Müggel-
see
Schulzen-
dorf
Spree
Oder - Spree - Kanal
Blanken-
felde
Wildau
12
Rangsdorf
Königs-
Wusterhausen
Tour
Nottekanal
Nottekanal
13
Zossen

Tour Tegel: Mit Kind und Kegel auf nach Tegel und weiter an einem sauberen Waldbach

Tegel – Nieder Neuendorf – Hennigsdorf – Birkenwerder – Briesetal – Wandlitz

Nicht immer ist es nötig, sogleich die Stadt zu verlassen, um ungestört und autofrei zu radeln. Diese schon immer schöne Tour hat durch den Ausbau des Radfernwegs Berlin-Kopenhagen eine wesentliche Attraktivitätssteigerung erfahren. Westlich der Havel wurde der alte Grenzweg der DDR jetzt frisch asphaltiert und ausgeschildert. So rollen wir fernab des Verkehrs wunderbar am Ufer längs. Der Radfernweg führt uns bequem zum Eingang des Briesetals, dem schönsten Waldbach nördlich unserer Stadt.

Start :	*Bhf. Tegel (S 25 oder U 6)*
Ziel:	*Bhf. Wandlitz (NE 27)*
Streckenlänge:	*43 km (bis Birkenwerder 26 km)*
Steigungen:	*Keine*
Wegweisung:	*erst Wanderweg 2, dann Berlin-Kopenhagen, im Briesetal Blauer Strich.*
Sehenswürdigkeiten:	*Phosphateliminationsanlage, Schloss Tegel, Dicke Marie, DDR-Grenzturm, Lokomotivenwerk Hennigsdorf, Naturlehrkabinett am Eingang zum Briesetal, Agrarmuseum Wandlitz*
Verknüpfungen:	*Tour Brieselang, Tour Oranienburg*
Information:	*Stadt Information Hennigsdorf, Rathausplatz 1, Tel. 0 33 02 / 87 73 20*

An der Havel

Anschluss Tour Oranienburg
Wandlitz
Ziel
Wandlitzsee
Agrarmuseum
Basdorf
Siedlung am Rahmer See
Rahmer See
Seefeld
Zühlsdorf
Zühlslake
Zühlsdorfer Mühle
Lubowsee
Wensickendorf
Summter Chaussee
Schmachtenhagen
Schmachtenhagen-Ost
Schmachtenhagen-Süd
Schmachtenhagen-West
Kol. Marx
Truppenübungsplatz
Bundeswehr
Borgsdorf
Kolonie Briese
Waldschule
Birkenwerder
Briese
LSG
Summter See
Summt
Fischerhaus
Dammsmühle
Mühlenbecker See
Gorinsee
Schönwalde
Buchhorst
Feldheim
Mühlenbeck
Bergfelde
Tegeler See
Hohen Neuendorf
Niederheide
Oder-Havel-Kanal
Lindenhof
Pinnow
Lehnitz
Lehnitzsee
Fr.-Wolf-Haus
Gedenkstätte Sachsenhausen
Oranienburg
Havel
Weißes Haus
Oranienburg Süd
Schloss Oranienburg
Park
St. Nikolai
Waisenhaus
Oranienburger Kanal
Wilhelmsthal
Annahof
Leegebruch
Moorgraben
Eden
Kol. Eintracht Orania
Friedenthal
Tiergarten
Gericksruh
Velten
Hohen-Schöpping
Heidekrug
Veltener Kanal

Zeichenerklärung
Routenführung
Abstecher, Verbindungsstrecken
Hallenbad
Freibad, Bademöglichkeit
Tourist-Information
Fahrradreparatur
Fahrradvermietung
Jugendherberge
Campingplatz
Ausflugsgaststätte
Museum
Spielplatz
Rastplatz
Schutzhütte
Aussichtspunkt
Sehenswürdigkeit
Bahnhof
S-Bahn-Haltestelle
U-Bahn-Haltestelle
besondere Sehenswürdigkeit, siehe Text
Orientierungspunkt, siehe Text
Kirche / sehenswert
Schloss / sehenswert
Kirchenruine / sehenswert
Schlossruine / sehenswert
Mühle / sehenswert
Windmühle / sehenswert
Turm
Friedhof
Stadion
Flughafen
Fähre für Radfahrer
Schiffsanlegestelle
Maßstab
0 1 2 3 km
Start
BERLIN
Hennigsdorf
Hermsdorf
Glienicke/Nordbahn
Wittenau
Heiligensee
Konradshöhe
Tegelort
Nieder-Neuendorf
Stolpe
Stolpe-Süd
Frohnau
Schönfließ
Schönerlinde
Groß-Stückenfeld
Woltersdorf
Mönchmühle
Riesel felder
Bucher Forst
Künstlerhof Frohnau
Buddhistisches Haus
Berliner Forst
Tegel
Wildgehege
Humboldt-Schloss
TEGELER SEE
Jungfern-heide
Flughafen Berlin-Tegel
HAVEL
Kunsthalle
Museum im Grenzturm
Bürgerablage
Anschluss Tour Brieselang
LSG

Die Tour auf einen Blick

Nr.	km	Beschreibung
1		**S-Bhf. Tegel**, *Buddestraße* re, li *Gorkistraße*, re Karolinenstraße, li *An der Mühle*
2	1,4	**Schloss Tegel**, *Gabrielenstraße*, re *An der Malche*
3	2,5	**Dicke Marie**, li *Schwarzer Weg*
4	4,9	**Freibad am Tegeler See**, nach 300 m re auf Waldweg Richtung *Jörsstraße*, auf dieser bis zur
5	6,3	**Fähre Tegelort**, re Uferweg auf dem westlichen Havelufer, *Mauerweg* westlich der Havel durch **Nieder-Neuendorf**
6	10,7	**Mauermuseum im Grenzturm Nieder-Neuendorf**, weiter auf dem Uferweg.
7	13,4	**Lokomotivenwerk Hennigsdorf**, *Hafenstraße, Ruppiner Str., Hoher Neuendorfer Weg, Schwarzer Weg*
8	17,4	**Wasserwerk Stolpe**, *Schillerpromenade, Saumweg, Stolper Weg* li, *Am Paradiesgarten* re, *Humboldtallee* li, *Fontaneweg* re,
9	24,2	**Kirche Birkenwerder**, *Hauptstr.* re, *Clara-Zetkin-Str.* li, **S-Bahnhof Birkenwerder**, *An der Bahn* li, *Brieseallee* re unter Bahn durch, *Friedensallee* li, *Fichteallee* li
10	27,8	**Waldschule** am Eingang zum Briesetal
11	33,5	**Forsthaus Wensickendorf**
12	41,4	**Agrarmuseum Wandlitz**
13	43	**Bhf. Wandlitz**

Zum **S-Bahnhof Tegel** 1 braucht die S-Bahn von Friedrichstraße nur 20 Minuten, und schon kann es losgehen: Wir schieben am besten kurz durch die Fußgängerzone *Gorkistraße* bis *Alt Tegel* (dorthin kann man auch mit der U-Bahn gelangen) und bis zur *Karolinenstraße*, auf der wir einen Radweg vorfinden.

Rechter Hand liegt die **Phosphateliminationsanlage**. Sie befreite die Abwässer der Ostberliner Rieselfelder, die über den Nordgraben nach Westen flossen, von Phosphat. Da die Anlage sehr groß ausgelegt ist, kann sie jetzt aber auch wie eine Art Umwälzpumpe Wasser aus dem Tegeler See reinigen. Sie wird vor allem im Sommer eingesetzt, um die Algenblüte zu verhindern. Linker Hand reihen sich die Häuser der **Internationalen Bauausstellung von 1987**.

Zwischen diesen Häusern und der von kalifornischen Architekten entworfenen **Humboldtbibliothek** fließt das gereinigte Wasser in das Hafenbecken.

An der nächsten Ampel überqueren wir den Damm und biegen nach links ein, wo in der Mühle ein Hotel entstand, daher der Straßenname: *An der Mühle.*

Über einen **Parkplatz** gelangen wir direkt zum festen Erdweg, der die Zufahrt zum **Schloss Tegel** ❷ bildet. 1,4 km

Das Schlösschen ist in Privatbesitz und nur Mai-Sept. Mo und für 6 € mit Führung zu besichtigen (Tel. 434 31 56). Das 1824 von Schinkel erweiterte, aus dem 16. Jh. stammende Renaissance-Haus hebt sich mit seinen vier Ecktürmen weiß vom Grün des herrlich stillen Parks ab. Eine Lindenallee aus dem Jahre 1792 führt an einer 400-jährigen Eiche vorbei zur Grabstätte der Familie von Humboldt, die 1766 dieses ursprüngliche Jagdschloss des Großen Kurfürsten übernahm. Schließlich geht der Park in einen für den ehemaligen märkischen Wald typischen Traubeneichenmischwald über. Die von manchen als charakteristisch angesehene Kiefer ist erst nach dem furchtbaren Raubbau der Barockzeit in großen Mengen angepflanzt worden, da sie schnell und einfach Holz produziert. Die Wälder im Norden Berlins, die wir heute durchradeln, sind daher nicht nur die eigentlich ursprünglicheren, sondern auch für Auge und Natur die reicheren.

Weiter geht es auf dem Erdweg, der mit leichtem Knick links am Park vorbei und auf die *Gabrielenstraße* führt, die wir nach rechts bis zu ihrem Ende befahren. Kurz vor einem großen **Neubau** am Wasser entdecken wir rechts die *Fahrradbeschilderung 1* des Bezirks **Reinickendorf**. Der Weg führt nach **Tegelort** zur Fähre, und wir wollen ihn so weit auch benutzen. Er führt durch wundervolles Gelände: links zuerst der *Große Malchsee*, dann der eigentliche Tegeler See, rechts ein Wald, der bunter gemischt ist als der Grunewald. Der Weg ist ordentlich befestigt und meist autofrei. Wenn Sie mit Kindern unterwegs sind, werden Sie das besonders zu schätzen wissen. Allerdings kommen Sie dann vielleicht nicht schnell voran, denn am ersten Knick des Weges liegt der **Freizeitpark Tegel**.

Danach folgt rechts ein Hinweis auf die **Dicke Marie** ❸. 2,5 km
Noch lebt dieser über 800 Jahre alte Eichenriese, dessen Stamm

Der älteste Baum Berlins.
unsere Eiche. die "Dicke Marie"
Alter : ca. 900 Jahre
Höhe : ca. 26 m
Durchmesser : 2.10 m
Umfang in Brusthöhe: 6.65 m

Dicke Marie

über 6 m Umfang hat: Wir können uns also ein gutes Bild von der Köchin machen, nach der die Humboldtbrüder den Baum benannten.

Nach dem zweiten Knick der Route auf die befestigte Chaussee des *Schwarzen Weges* folgt dann bald das romantisch gelegene **Freibad am Tegeler See** ❹. Es hat einen gepflegten Sand- 4,9 km
strand, und die Wasserqualität des Sees ist durch oben erwähnte Anlage wirklich besser geworden.

Ungefähr 300 m hinter dem Strandbad biegt die Radroute rechts an einem **Schutzpilz** auf einen Waldweg ab. Leider finden wir 300 m vor dieser Abzweigung den letzten Hinweis, da sich die Forstverwaltung »aus juristischen Gründen der Verkehrshaftung« nicht in der Lage sieht, Radroutenhinweise auf ihrem Gelände zu dulden. Falls Sie die Abzweigung verpasst haben, führt auch eine gepflasterte Straße zum Fähranleger in **Tegelort**.

Wer viel Zeit hat oder einkehren möchte, kann auch den etwas weiteren Uferweg (Wanderweg 2) durch die Schankterrassen nehmen (schieben). Die Ufergaststätten auf der Landzunge mit Blick auf die fünf Inseln im See sind seit dem letzten Jahrhundert ein beliebtes Ausflugsgebiet.

Seit Sommer 2002 bietet sich die Route auf dem westlichen Havelufer über den ausgeschilderten Radfernweg Berlin-Kopenhagen an.

Dazu fahren Sie mit der **Fähre Tegelort** ❺ (nicht im VBB- 6,3 km
Tarif) von der *Jörsstraße* zum *Aalemannufer* und biegen dort sofort rechts auf den Uferwanderweg ab. Eine neue Brücke erleichtert die Querung des Zuflusses zum **Kraftwerk Oberhavel**. Dann wird es schön grün, und wir passieren eine beliebte kostenlose Badestelle mit Wirtshaus, die ›Bürgerablage‹. Danach geht der Weg etwas unscheinbar in den früheren Grenzbereich, der hier noch viel von seinem Charakter bewahrt hat. Die Route führt über schmale Betonplatten.

Hier gab es zwar keinen Grenzübergang, aber tatsächlich eine Passage für einige wenige, der Text auf dem Originalschild lautet: »Achtung Zonengrenze! Kein Durchgang! Ausgenommen Parzellenbesitzer *Erlengrund* und Fichtewiese«. Des Rätsels Lösung: Hier lag eine Exklave West-Berlins.

Anschließend fängt plötzlich mitten im Wald ein richtiger Radlerschnellweg an, hier wurde der DDR-Kolonnenweg als Bestandteil des Radfernwegs Berlin-Kopenhagen asphaltiert.

An einer schmalen Stelle der Havel, gegenüber von Berlin-Heiligensee, steht noch der alte **DDR-Grenzturm von Nieder-**
10,7 km **Neuendorf ❻**. Er ist als Mauermuseum eingerichtet und im Sommer zu besichtigen. Besonders beeindruckend sind die Bilder vom ehemaligen Grenzabschnitt.

Wir folgen weiter dem Mauerweg westlich der Havel durch **Nieder-Neuendorf**. Dann müssen wir straßenbegleitend den **Havelkanal** überwinden. Der Kanal verläuft keineswegs parallel zur Havel, wie der Name glauben machen möchte, sondern ermöglichte die Umfahrung von Berlin West (siehe auch Tour Brieselang bei Schönwalde).

Hennigsdorf ist eine alte Industriestadt. Aber der neu gebaute Radweg führt ohne störenden Verkehr direkt an der Havel entlang und weiter über die *Hafenstraße* und rechts in die *Ruppiner Str.* über den Fluss.

Wundern Sie sich nicht, wenn plötzlich eine fremdartige U-Bahn neben Ihnen auftaucht. Der Radweg verläuft direkt neben
13,4 km dem Versuchsgleis des zum Bombardier-Konzern gehörenden **Lokomotivenwerks Hennigsdorf ❼**, ehemals AEG. Von 1913 bis heute wurden hier über 20.000 Lokomotiven gebaut.

Wichtig für die Entwicklung der Stadt war das 1917 gegründete Stahlwerk. Am 17. Juni 1953 zog die 3.000 Mann starke Belegschaft in einem Protestmarsch nach Berlin. Später gehörte es zu den wichtigsten Industrieunternehmen der Region mit 8.500 Mitarbeitern. Die alten Werkhallen wurden kürzlich meist demontiert.

Wir fahren ein kleines Stück an der verkehrsreichen Straße zwischen **Hennigsdorf** und der Autobahn weiter auf dem *Radfernweg Berlin-Kopenhagen*. Hinter dem **roten Ziegelhaus** biegen wir auf einen ruhigen, asphaltierten *Schwarzen Weg* nach links ab. Unser Weg führt weiter meist am Waldrand entlang, bis wir auf das
17,4 km **Wasserwerk Stolpe ❽** treffen. Hinter dem Werk führt unser Asphalt-Sträßchen weiter, wir unterqueren den Bahnaußenring. Während unser Blick noch nach links über die freie Havelniederung schweift, nähert sich von rechts die neue Autobahn nach Hamburg. Doch an der Havel können wir diese bequem unterfahren und dann unsere alte Richtung weiter verfolgen.

In **Hohen-Neuendorf** passieren wir eine ehemalige **Poliklinik** und eine Reihe Häuser im Heimatstil der 30er-Jahre. Unser Sträßchen heißt jetzt *Schillerpromenade*. Dann wendet es sich abrupt nach rechts und wir fahren geradeaus in den *Saumweg*, hier lockt mit Speise, Trank und Leihbooten die **Havelbaude**.

Wir folgen weiter dem Radfernweg Berlin-Kopenhagen und radeln in Schlenkern auf das Zentrum des Ortes **Birkenwerder** zu.

An der **Stülerkirche von Birkenwerder** ❾ stoßen wir auf die 24,2 km
alte B 96, der wir ein Stück nach rechts folgen, und passieren ein expressionistisches **Feuerwehrhaus**. Am **Rathaus** verlassen wir die laute Straße und folgen weiter dem beschilderten Weg zum **Bahnhof Birkenwerder**. Jetzt links.

Nach rechts zeigt ein Hinweis auf die **Clara-Zetkin-Gedenkstätte** **(Abstecher 100 m)**. Hier wird der engagierten Frau gedacht, die als Reichstagsalterspräsidentin bis 1932 die recht großbürgerliche Villa bewohnte, bevor sie ins Exil ging. Im Garten stehen zwei Metallfiguren: Clara Zetkin und Rosa Luxemburg im Gespräch (Di-Fr 11-16 Uhr, Sa/So nur nach Absprache, Tel. 0 33 03 / 40 27 09).

Der Radfernweg führt uns westlich der Bahnlinie zur Unterführung und danach schräg links endlich aus der Siedlung heraus. Noch einmal genießen wir kurz Asphalt, so dass wir uns flink an der ehemaligen Ausflugsgaststätte ›**Briesekrug**‹ befinden.

Leider existiert inzwischen nur noch ein Imbiss. Ein winziger See bietet in der Nähe Erfrischung mit Briesewasser. Zu Fuß lohnt noch ein Abstecher zu den Bohlenwegen über den Briesesümpfen westlich des Sees.

Wer die **Waldschule Briesetal** ❿ am Eingang zum Briesetal er- 27,8 km
klärt bekommen möchte, kann mit der Revierförsterei unter Tel. 0 33 03 / 40 22 62 eine Führung vereinbaren.

Nun fahren wir nicht weiter nach **Kopenhagen**, sondern nach rechts ins **Briesetal**.

Das Briesetal ist eine eiszeitliche Schmelzwasserrinne. Briese ist das slawische Wort für ›Birke‹. Birken wurden hier zwar inzwischen verdrängt, doch begleiten uns heute hier unten am Bach schöne und äußerst abwechslungsreiche Mischwälder.

Hafenbrücke Tegel

Ob Sie rechts oder links des Baches fahren bleibt gleich – die Wege sind markierte Naturwanderwege. **Elsenquelle** und **Helenenquelle** heißen die nächsten, von alters her bekannten Wanderziele. Manch Plätzchen lockt zur Rast, doch viele hungrige Mücken kommen rasch und fordern beim Picknick ihren Tribut!

Oftmals gibt es mehrere Pfade. Dann heißt es: Nach längerem Regen besser etwas uferferner, bei Trockenheit so nah wie möglich am Bach radeln. Kurz vor der **Schlagbrücke**, mit deren Hilfe das Mühlenbecker Gestell das Briesetal überquert, sollte man ausweichen, weil die Brücke selbst nur über viele Stufen zu erklimmen ist. Wer von nun an bequemer weiterradeln möchte, sei auf die ebene Straße über **Zühlsdorf** nach **Wandlitz** verwiesen. Auf Wanderwegen geht es zunächst nur auf der südlichen, also von uns aus rechten Talseite weiter. Nach der **Hochspannungsleitung** empfiehlt es sich, den schmalen Steg auf
33,5 km das nördliche Ufer zum ehemaligen **Forsthaus Wensickendorf** ⓫ zu nehmen. Der inzwischen täglich geöffnete Imbiss am Forsthaus gilt wegen seiner außergewöhnlich idyllischen Lage mit Blick über die hier so weiten Wiesen des Briesetals als Geheimtipp.

Ab dem Forsthaus finden wir wieder einen Fahrweg vor, der sich auch nach der kreuzenden Straße fortsetzt. Allerdings wird er an einigen Stellen losesandig. Interessant ist er trotzdem, denn er führt mitten durch ein **Sägewerk**.

Wenn der Wanderweg wieder vom Fahrweg links abbiegt, ist es das Beste, geradeaus auf die Straße in **Zühlsdorf** zu fahren. Dort angelangt, geht es auf glatter Chaussee nach **Wandlitz**, wobei die verkehrsreichere B 273 nur überquert wird. Wer nicht auf Straßen radeln möchte, muss den großen Umweg über **Wensickendorf** und **Stolzenhagen** über den mit einem blauen Punkt markierten Wanderweg machen, siehe Tour Oranienburg.

Sie erreichen **Wandlitz** (siehe **Tour Oranienburg**), wo das
41,4 km **Märkische Agrarmuseum** ⓬ einen Besuch lohnt (www.agrarmuseum-wandlitz.de, Di-Fr 9-16.30, Sa, So 10-17 Uhr). Sie finden das Museum leicht, wenn Sie nach einer riesigen schwarzen Dampfmaschine Ausschau halten.

Für die Rückfahrt bieten sich zwei dicht beieinander liegende **Bahnhöfe** an: Wenn Sie noch baden möchten, ist **Wand-**
43 km **litzsee** besser, sonst **Wandlitz** ⓭. Es fahren stündlich moderne Niederflurtriebwagen nach **Berlin-Karow**. Dort besteht bequeme Umsteigemöglichkeit vom gleichen Bahnsteig in die S 2.

Die Briese

Tour Oranienburg: Wandlitzsee – hier badeten schon die Bonzen

Oranienburg – Sachsenhausen – Stolzenhagen – Wandlitzsee – Liepnitzsee – Bernau

Oranienburg verdankt seinen Namen Luise-Henriette von Nassau-Oranien, der Gattin des Kurfürsten Friedrich Wilhelm (der Große Kurfürst). Der schenkte der Kurfürstin 1650 das Amt Bötzow, weil es ihr in dieser Gegend so gut gefiel. Für sie entstand auch das Schloss und durch sie das Waisenhaus. Noch 1911 konnte der märkische Ullstein-Wanderführer verkünden: »Wie reizend ist Oranienburg, nirgends Lärm, alles atmet Frieden«. Das ist nun leider vorbei. Aber wir brauchen nur das Parktor zu durchqueren, und schon stimmt's wieder. Später erreichen wir drei Klarwasserseen, bei denen sich manch andere Großstadt glücklich schätzen würde, wenn sie nur einen davon in ihrem Umkreis hätte. Bernau bietet zum Abschluss der Tour genügend gemütliche Möglichkeiten zur Einkehr, schließlich war es seit alters her für sein Bier bekannt.

Start:	*Bhf. Oranienburg (RE 5, S 1)*
Ziel:	*Bhf. Bernau (RE 3, S 2)*
Streckenlänge:	*41 km (mit Liepnitzsee-Runde 50 km)*
Verknüpfungen:	*Tour Tegel und Tour Barnim*
Wegweisung:	*in Oranienburg braune Schilder zum Schloss, ab Stolzenhagen Blauer Punkt und ab Liepnitzsee R 1*
Sehenswürdigkeiten:	*Schloss Oranienburg, Waisenhaus, Gedenkstätte Sachsenhausen, Agrarmuseum Wandlitz, Liepnitzsee, Marienkirche, Stadtmauer, Steintor in Bernau*
Information:	*Touristinformation Oranienburg, Bernauer Str. 52, Tel. 0 33 01 / 70 48 33 Fremdenverkehrsamt Bernau, Bürgermeisterstr. 4, Tel. 0 33 38 / 76 19 19, www.bernau-bei-berlin.de*

Gotische Kapelle in Bernau

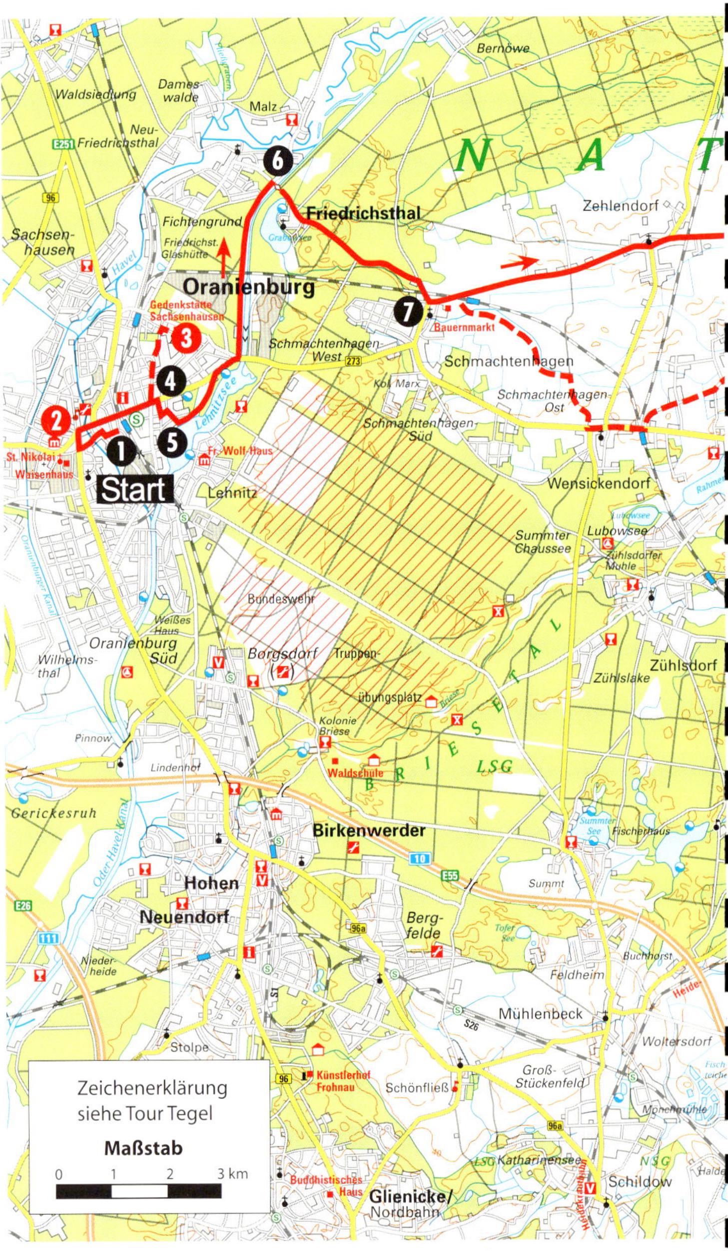
Bernöwe
Dames-walde
Waldsiedlung
Malz
Neu-Friedrichsthal
E251
96
Sachsen-hausen
Havel
Fichtengrund
Friedrichst. Glashütte
Friedrichsthal
Grabowsee
Zehlendorf
N A T
Oranienburg
Gedenkstätte Sachsenhausen
Schmachtenhagen-West
273
Bauernmarkt
Schmachtenhagen
Kol. Marx
Schmachtenhagen-Ost
Schmachtenhagen-Süd
Lehnitzsee
St. Nikolai
Waisenhaus
Fr.-Wolf-Haus
Start
Lehnitz
Wensickendorf
Summter Chaussee
Lubowsee
Zühlsdorfer Mühle
Oranienburger Kanal
Bundeswehr
Weißes Haus
Oranienburg Süd
Wilhelms-thal
Borgsdorf
Truppen-übungsplatz
Briese
Zühlsdorf
Zühlslake
Kolonie Briese
Pinnow
Lindenhof
Waldschule
BRIESETAL
LSG
Gericksruh
Oder-Havel-Kanal
Birkenwerder
Summter See
Fischerhaus
10
E55
E26
Hohen Neuendorf
Summt
111
96a
Berg-felde
Tofer See
Nieder-heide
Buchhorst
Feldheim
S1
Mühlenbeck
S26
Stolpe
Woltersdorf
Groß-Stückenfeld
96
Künstlerhof Frohnau
Schönfließ
Mönchmühle
Katharinensee
NSG
Buddhistisches Haus
Glienicke/ Nordbahn
Schildow
Heidekrautbahn
Zeichenerklärung siehe Tour Tegel
Maßstab
0 1 2 3 km

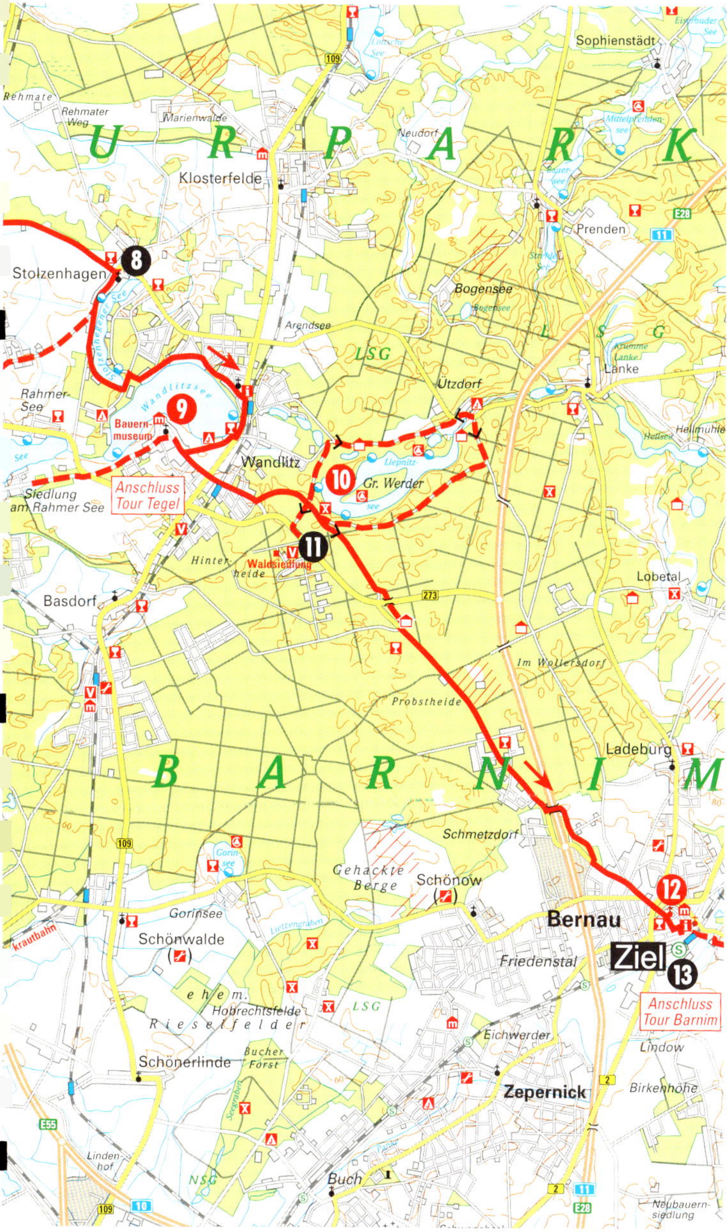
Sophienstädt
Rehmate
Rehmater Weg
Marienwalde
Neudorf
U R P A R K
Klosterfelde
Prenden
8
Stolzenhagen
Bogensee
Arendsee
LSG
L S G
Lanke
Ützdorf
Rahmer-See
9
Bauern-museum
Wandlitz
10
Gr. Werder
Hellmühle
Siedlung am Rahmer See
Anschluss Tour Tegel
11
Hinter-heide
Waldsiedlung
Lobetal
Basdorf
Im Wollersdorf
Probstheide
Ladeburg
B A R N I M
Schmetzdorf
Gehackte Berge
Schönow
12
Gorinsee
Bernau
Schönwalde
Friedenstal
Ziel
13
Anschluss Tour Barnim
ehem. Hobrechtsfelde
Rieselfelder
Eichwerder
Lindow
Schönerlinde
Bucher Forst
Zepernick
Birkenhöhe
Linden-hof
Buch
Neubauern-siedlung

Die Tour auf einen Blick

Nr.	km	Beschreibung
1		**Bahnhof Oranienburg**, Bahnhofstraße, Lehnitzstr. re, Luise-Henriette-Steg liHavelstr., Breite Str. re
2	1,3	**Schloss**, Bernauer Straße
3		Abstecher **Gedenkstätte Sachsenhausen** (500 m)
4	3,1	**Koblenzer Straße** re, Rüdesheimer Straße li,
5		Seeufer **Lehnitzsee**, Uferweg li, über die 273 und weiter am westlichen Ufer des Oder-Havel-Kanals auf dem Radfernweg Berlin-Kopenhagen.
6	8,5	**Fähre Friedrichsthal**
7	12,4	**Schmachtenhagen** links nach Zehlendorf
8	20,5	**Kirche Stolzenhagen** re
9	28,4	**Agrarrmuseum Wandlitz**
10	31,5	**Liepnitzsee** (+ 8 km rund um den See)
11		**Waldsiedlung Wandlitz** (Abstecher 1km) Wandlitzer Chaussee, Mühlenstr.,
12	42	**Marienkirche Bernau**, Bürgermeisterstr., Berliner Str. li, Goethestr. re, Breitscheidstr. li,
13	43,1	**Bf., Bernau**

Der Schleichweg vom **Bahnhof Oranienburg** 1 zum Schloss führt durch die *Bahnhofstraße*, und im Rechts-Links-Versatz über die *Lehnitzstr.* zum **Luise-Henriette-Steg**, auf dem die Havel überquert wird. Der Weg ist mit braunen Schildern mit der Schlossansicht ausgeschildert. Geradeaus gelangen
1,3 km wir zur **Nikolaikirche** und dann rechts zum **Schloss** 2 durch die *Havelstraße* und die *Breite Straße*.

Die neoromanische Basilika der **Nikolaikirche** wurde 1866 nach Plänen von König Friedrich Wilhelm IV. und Stüler erbaut. Was Sie jetzt sehen, ist allerdings ein wegen Kriegsschäden notwendig gewordener Wiederaufbau. Bei dieser Gelegenheit ist das Gebäude verändert worden.

Schloss Oranienburg wurde 1652 nach holländischem Vorbild errichtet. Bis 1711 wurde das stattlichste Gebäude im Umkreis Berlins im italienischen Barock erweitert. Auf dem Schlossvorplatz steht das 1858 geschaffene Denkmal für die Kurfürstin.

Schloss Oranienburg

Der angrenzende **Park** wurde Ende des 17. Jh. angelegt und im 19. Jh. umgestaltet. 1814/16 errichtete der neue Eigentümer hier eine Schwefelsäurefabrik (!), und zwischen 1832 und 1848 wurden hier von Friedrich Ferdinand Runge das Anilin, das Koffein und die Karbolsäure entdeckt. Das einst prachtvoll ausgestattete Barockschloss wurde mehrmals durch Brände teilweise zerstört und wieder aufgebaut. Während des Nationalsozialismus befanden sich in Oranienburg mehrere A-Institutionen (SS-Totenkopfstandarte, Konzentrationslager Sachsenhausen mit Klinkerwerk, Heinkel-Werke), und es wurde daher 1944 heftig bombardiert. Das Schloss war zu dieser Zeit Polizeischule und wurde während DDR-Zeiten von der NVA genutzt.

Im **Kreismuseum** (direkt neben dem Parkeingang, Di-Sa 10-16, So 13-16 Uhr, Tel. 0 33 01 / 38 63), einem Amtshauptmannshaus von 1657, findet sich u. a. das Bild ›Gründung Oranienburgs‹. Für Kinder sind die Holzmodelle von Binnenschiffen unterm Dach interessanter.

Nach dem Bau des Radfernwegs Berlin-Kopenhagen schlage ich Ihnen jetzt vor, diesen auch weitgehend zu nutzen. Vom Schloss wenden wir uns daher wieder zurück über die Brücke und fahren auf den Radwegen längs der *Bernauer Straße* durch Oranienburg. An der großen Kreuzung hinter der S-Bahn ist die Gedenkstätte ausgeschildert.

Im Konzentrationslager Sachsenhausen kamen bis 1945 über 100.000 Menschen qualvoll um. Danach hatte das Leiden noch kein Ende, da jetzt die Sowjets weitere 5 Jahre hier ein „Speziallager" betrieben. Äußerst eindrucksvoll ist die nach einer Brandstiftung in den 90er Jahren teil-neuerrichtete jüdische Baracke. Die Gedenkstätte lohnt einen Extrabesuch. **Gedenkstätte Sachsenhausen** ❸ Straße der Nationen 22, 16515 Oranienburg, Tel. 0 33 01 / 80 37 19 (Mo Ruhetag).

Eigentlich geht es nach Schmachtenhagen immer gradeaus und die B 273 hat jetzt auch einen Radweg. Wer schnell fahren will, ist da richtig. Wer schön fahren will, lese und folge: Biegen
3,1 km Sie rechts in die **Koblenzer Straße** ❹ ein. (Einheimische fahren auf dem Fußweg) und am Ende links in die *Rüdesheimer Straße*. Am Ende lockt das Ufer des **Lehnitzsees** ❺ mit 2 Einkehrmöglichkeiten. Frei und direkt am Wasser das Eiscafe Dietrich mit Bootsverleih und ein paar Meter weiter und schattig im Wald das Waldhaus. Weiter rollen wir auf dem Radweg am Ufer des Sees, bis die B 273 unsere Weg kreuzt. Vor allem mit Kindern empfiehlt es sich den Schlenker nach lins bis zur Mittelinsel zu machen. Danach geht es geradeaus weiter immer am Westufer des Oder-Havel-Kanals auf dem gut ausgebauten Radweg Berlin-Kopenhagen. Schließlich
8,5 km endet der Uferweg und wir biegen rechts zur **Fähre** ❻ ab.

Gleich nach dem Übersetzen lockt rechter Hand der saubere **Grabowsee** (mit ehem. Sanatorium) zum Bade. Bis 1994 befand sich das Gelände in russischer Hand.

Auf ruhiger aber schon etwas schadhafter Straße gelangen
12,4 km wir durch Kiefernwald bis **Schmachtenhagen** ❼, wo am Wochenende in der *Zehlendorfer Chaussee 10* ein Bauernmarkt lockt. Geradeaus die Straße ist wenig aber schnell befahren, daher biete ich denen, die es wollen, eine

Hauptroute: Mit etwas Verkehr links auf der Allee über freie Felder nach Zehlendorf. Wir folgen der Chaussee nach Stolzenhagen.

Wanderwegalternative: Unmarkierter Betonplattenweg bis Wensickendorf, dort bis zur Bahn und dann auf dem mit dem

Fähre Maltz über den Oder-Havel-Kanal

blauen Punkt markierten weichen Wanderweg nach Stolzenhagen. Diese Variante ergibt einen Kilometer mehr und ist schwer zu finden.

Hier biegen wir an der **Gründerzeitkirche** ❽ rechts ab. Zur Linken erstreckt sich der lang gezogene Stolzenhagener See. Er ist ebenso wie der folgende Wandlitzsee anfänglich ziemlich bebaut. Die Straße ist verkehrsberuhigt oder hat (später) einen Radweg. Aber: später müsste für 500 m die B 273 benutzt werden, daher biegen wir besser am Rast- und Spielplatz am Stolzenhagener See links auf den mit einem blauen Punkt markierten Wanderweg ab! Bis zum Dorf **Wandlitz** fahren wir jetzt in einer lang gestreckten S-Kurve die beiden Seeufer ab. Den schönsten Blick auf den Wandlitzsee haben wir an der Stelle nach den sechs Kastanien an der Seepromenade. Die Seepromenade führt bis zur Badeanstalt, für 100 m müssen wir jetzt den Radweg an der B 109 nach rechts fahren, bis die zum **Agrarmuseum** ❾ ausgeschilderte ruhige Straße abbiegt.

20,5 km

28,4 km

Wandlitz wurde 1242 erstmals urkundlich erwähnt und gehörte bis 1542 zum Kloster Lehnin. Hier sollte man sich einen Blick in das Innere der spätmittelalterlichen Feldsteinkirche nicht entgehen lassen: Darin befindet sich ein Barockaltar mit eingebauter Kanzel.

Sehenswert ist hier auch das **Märkische Agrarmuseum** (Telefon 03 33 97 / 215 58, www.agrarmuseum-wandlitz.de, Di-Fr 9-16.30, Sa, So 10-17 Uhr). Sie finden das Museum leicht, wenn Sie nach einer riesigen schwarzen Dampfmaschine Ausschau halten.

Wir radeln weiter auf der Dorfstraße, die bald wieder asphaltiert ist. Nachdem die B 109 überquert wurde, passieren wir den **Bahnhof Wandlitz**. Von hier fahren stündlich moderne Züge nach **Groß Schönebeck** und nach **Berlin-Karow**.

Baden können Sie entweder im **Strandbad Wandlitz** mit Restaurant (von 1928), das zusammen mit dem **Bahnhof Wandlitz** unter Denkmalschutz steht, oder später im herrlich klaren Liepnitzsee. Hier, zwischen Wandlitz- und Liepnitzsee, verläuft übrigens auch die Wasserscheide zwischen Nord- und Ostsee.

Bald hinter den Gleisen und den letzten Häusern kommt man an eine Rechtskurve. Hier biegt links der Hauptwan-
31,5 km derweg zum **Liepnitzsee** ⑩ ab.

Der Weg ist erstaunlicherweise asphaltiert; der Grund dafür ist die Nähe zur früheren **Regierungssiedlung Waldsiedlung Wandlitz**

Liepnitzsee

⓫ (Abstecher 1 km). Daher wird der Belag nun auch von Jahr zu Jahr schlechter. Und weil es immer noch auf Interesse stößt: Erich Honecker wohnte *Habichtweg 5*. Aber der Abstecher lohnt nicht, das Haus ist recht bescheiden für heutige Verhältnisse. Für den sportlicheren Radler empfehlen wir stattdessen eine **Umrundung des** Liepnitzsees – mit Einkehrmöglichkeit in die Gaststätte ›Jägerheim‹ in **Ützdorf** (mit Terrasse zur Straße), oder ruhiger abseits zwischen **Wandlitz** und Liepnitzsee die ›Versunkene Glocke‹. Der besondere Tipp: Die Insel mitten im glasklaren Liepnitzsee ist ein Eldorado für FKKler.

Die 8 km lange Strecke um den See ist weitgehend autofrei und durchweg asphaltiert. Die Wälder sind – wen wundert's – abwechslungsreich, denn schon Kaiser Wilhelm II. kaufte große Teile des Waldes rund um den See, und auch die DDR-Bonzen wollten sich ja erholen und reiche Beute bei der Jagd haben. Dass sie sich am Liepnitzsee eine ›Regierungsbadestelle‹ einzäunen ließen, ist der beste Beweis für die überragende Wasserqualität. Also möglichst vor dem Baden nicht eincremen, um diesen Klarwassersee nicht zu strapazieren. Wer längere Zeit lagern möchte, ist mit einem Mückenschutz gut beraten, die Natur ist hier halt vollständig, das heißt, auch die Mücken sind da.

Für die Weiterfahrt überqueren wir eine asphaltierte Straße und halten uns in der Folge immer geradeaus, um nach 2 km auf die B 273 zu stoßen. Diese wird unterquert, es geht weiter auf einem asphaltierten und ausgeschilderten Radweg neben der befahrenen *Wandlitzer Chaussee*. Sie führt uns vorbei am **Lokal ›Waldkater‹** und über die Autobahn nach **Bernau**. Wir müssen uns nur geradeaus halten: über *Mühlenstraße* und *Bürgermeisterstraße* ins Zentrum von **Bernau**.

Bernau hat sich, wie viele andere Orte der Mark auch, Anfang des 13. Jh. entwickelt. Es wurde 1296 erstmalig erwähnt, damals war es Sitz einer bis zur Reformation bedeutenden Propstei. 1402 widerstand **Bernau** dem Angriff der Quitzows und Pommern, die zur selben Zeit Strausberg und Heckelberg eingeäschert hatten. 1432 wurde die Stadt erfolglos von den Hussiten belagert. Daran wird noch heute alljährlich am zweiten Juniwochenende mit dem Hussitenfest erinnert. Wichtigste Gewerbe waren Tuchmacherei sowie Bierbrauerei und -handel. Bis zum Beginn des 17. Jh. galt Bernau mit 143 Brauhäusern als die größte märkische Braustadt. Eine geschlossene Altbausubstanz findet sich in Bernau leider nicht, denn Ende der 70er-Jahre wurden große Teile der Altstadt mit – wie man damals meinte – angepassten kleinen Plattenbauten neu bebaut.

Die weitgehend noch erhaltene **Stadtmauer** stammt aus der ersten Hälfte des 14. Jh., das **Steintor** und der **Hungerturm** aus dem späten 15. Jh. Im **Henkerhaus** (wie immer gleich an der Stadtmauer), einem Fachwerkbau aus dem 18. Jh., und im **Steintor** befinden sich Teile des Heimatmuseums. Hier erfährt man, dass 1658 die letzte so genannte Hexe in Bernau verbrannt wurde (Tel. 0 33 38 / 29 24, Di-Fr 9-12, 14-17, Sa, So 10-13, 14-17 Uhr).

42,0 km Sehenswert ist besonders die jeden Mittag (meist 13-15 Uhr) geöffnete **Pfarrkirche St. Marien** ⓬, eine vierschiffige Backstein-

Steintor in Bernau

halle, die über eine für die Mark große Weite und einen außergewöhnlichen Altar verfügt.

Auch zur Einkehr gibt's ein historisches Angebot: die Gaststätte ›Schwarzer Adler‹ mit dem spätgotischen Gewölbe. Schön ruhig sitzt es sich im Biergarten des Gasthauses ›Leiterwagen‹, *An der Stadtmauer 15*.

Die direkte Route zum Bahnhof geht durch die zentrale *Bürgermeisterstraße*, dann links in die *Berliner Str.*, *Goethestr.* rechts und *Breitscheidstr.* links, dann sehen Sie rechts schon den **Bahnhof Bernau ⓭**. 43,1 km

Sportliche Radler können hier nahtlos die **Tour Barnim** anschließen.

Tour Barnim: Alleen und Felder bis zum Horizont

Bernau – Börnicke – Willmersdorf – Schönfeld – Beiersdorf – Freudenberg – Leuenberg – Strausberg

Diese Tour führt uns quer über die Endmoränenplatte des Barnim. Der Name ist eine Kurzform des slawischen Personennamens Barnimir. Die Landschaft wird zuerst durch Felder, die von alten Alleen durchquert werden, geprägt. Schon von Ferne sieht man die Türme der nächsten Dorfkirche, und die Dörfer sind klein und arm. Keine 10 km hinter Bernau beginnt das »märkische Sibirien«. Das Gelände, eine Hochfläche, wird von zwei eiszeitlichen Schmelzwasserrinnen durchzogen. Eine davon ist der Gamengrund, ein reizvolles Ausflugsgebiet. Ab hier breitet sich ein großer Wald aus, darin eingebettet die zweite Rinne, gebildet durch die Seenkette bei Strausberg. Seit 1999 ist der Barnim Naturpark.

Start:	*S-Bf. Bernau (S 2 + RE 3)*
Ziel:	*S-Bf. Strausberg-Stadt (S 5, im 40-Minuten-Takt)*
Streckenlänge:	*43 bis 50 km*
Steigungen:	*Einige leichte Anstiege (70 Höhenmeter)*
Streckenprofil:	*Asphalt, wenig Pflaster, Waldwege*
Wegweisung:	*Abschnittsweise Wanderwegweisung bis Weesow gelb, später grüner Strich*
Verknüpfungen:	*Tour Oranienburg und Tour Müggelsee*
Sehenswürdigkeiten:	*Bernau; Beiersdorf: Kirchenruine, Lattseen (verlandende eiszeitliche Rinnenseen); Strausberg: Reste der Stadtbefestigung mit einigen Wiekhäusern, Marienkirche (1250), Rathaus (1819/25), Elektrofähre über den Straussee*
Information:	*Tourist-Information Strausberg, August-Bebel-Str. 1, Tel. 0 33 41 / 31 10 66*

Beiersdorf

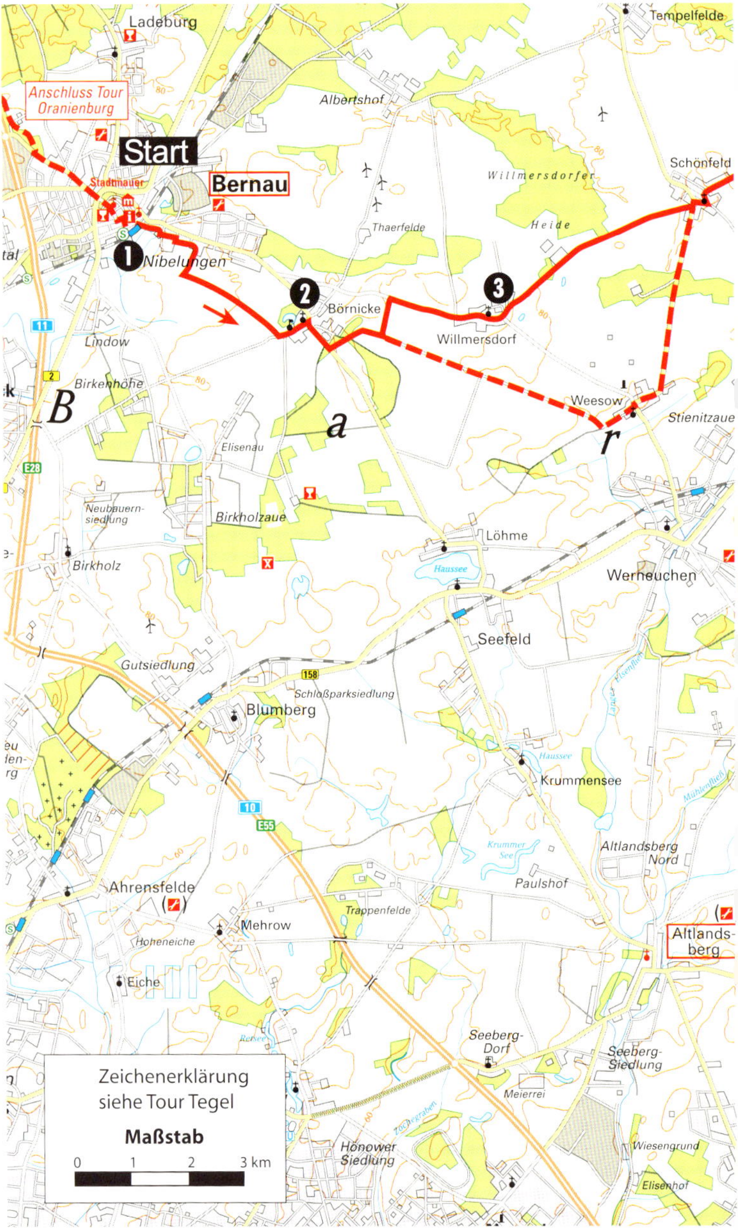
Ladeburg
Anschluss Tour Oranienburg
Start
Stadtmauer
Bernau
Albertshof
Tempelfelde
Schönfeld
Willmersdorfer Heide
Thaerfelde
Nibelungen
Börnicke
Willmersdorf
Lindow
Birkenhöhe
Weesow
Stienitzaue
Elisenau
Neubauern-siedlung
Birkholzaue
Löhme
Haussee
Birkholz
Werneuchen
Seefeld
Gutsiedlung
Schloßparksiedlung
Blumberg
Haussee
Krummensee
Krummer See
Altlandsberg Nord
Paulshof
Ahrensfelde
Trappenfelde
Mehrow
Hoheneiche
Altlands-berg
Eiche
Seeberg-Dorf
Seeberg-Siedlung
Meierrei
Hönower Siedlung
Wiesengrund
Elisenhof
Zeichenerklärung siehe Tour Tegel
Maßstab
0 1 2 3 km

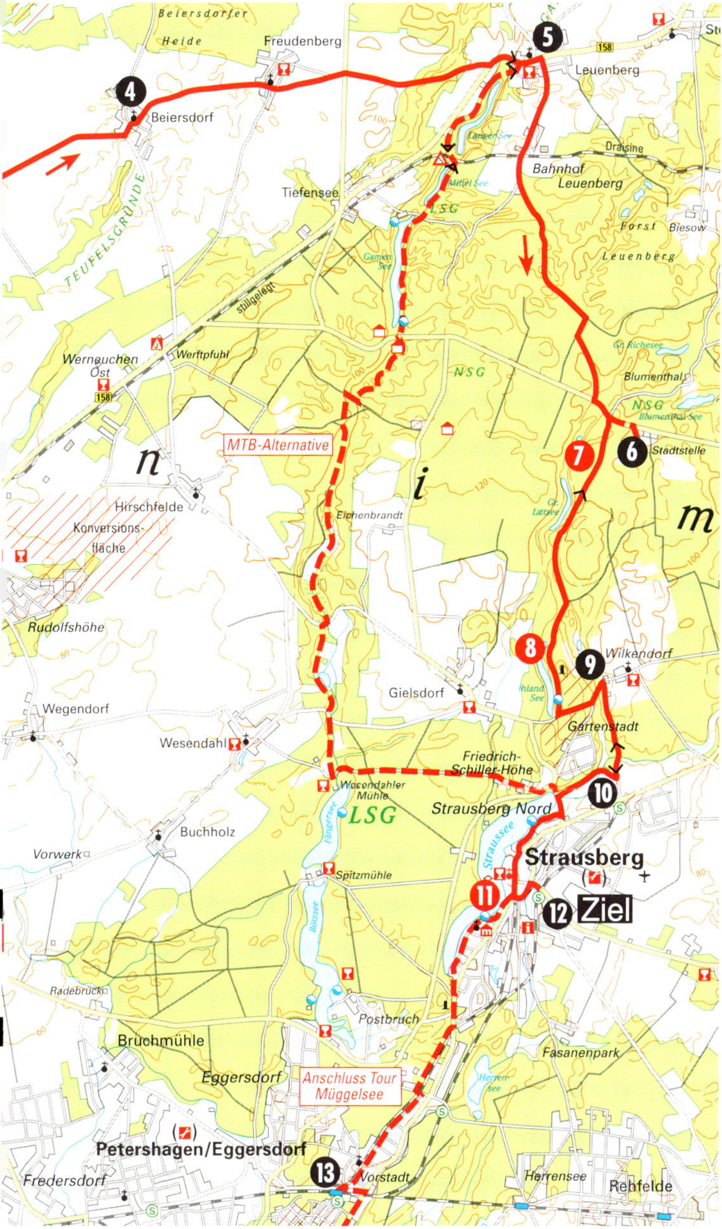
Beiersdorfer
Heide
Freudenberg
Leuenberg
Beiersdorf
Draisine
Bahnhof
Leuenberg
Tiefensee
TEUFELSGRÜNDE
LSG
Forst
Biesow
Leuenberg
stillgelegt
Werneuchen
Ost
Werftpfuhl
NSG
Gr. Richesee
Blumenthal
NSG
Stadtstelle
MTB-Alternative
n
i
m
Hirschfelde
Konversions-
fläche
Eichenbrandt
Rudolfshöhe
Wilkendorf
Gielsdorf
Wegendorf
Gartenstadt
Wesendahl
Friedrich-
Schiller-Höhe
Wesendahler
Mühle
LSG
Strausberg Nord
Buchholz
Straussee
Strausberg
Vorwerk
Spitzmühle
Ziel
Bötzsee
Radebruck
Postbruch
Bruchmühle
Fasanenpark
Eggersdorf
Anschluss Tour
Müggelsee
Petershagen/Eggersdorf
Fredersdorf
Vorstadt
Herrensee
Rehfelde

Die Tour auf einen Blick

Nr.	km	Beschreibung
❶		**S-Bf. Bernau**, nach rechts, durch die Unterführung geradeaus in den Fußweg, vor dem **Neubaugebiet** rechts und dann links in die *Marsstraße*, re Richtung **Elisenau** und gleich li Richtung **Börnicke**, alte LPG-Straße
❷	4	**Börnicke**, re Richtung **Löhme**, gleich nach dem Wald li auf alte LPG-Straße, wieder li und dann re auf Landstraße nach
❸	8,2	**Willmersdorf**, weiter über **Schönfeld**, dann li nach
❹	16,3	**Beiersdorf**, und wieder gerade über **Freudenberg** nach
❺	23,2	**Leuenberg**. Dort re zum **Forsthaus Leuenberg**, dann schräg links durch die Langen Berge auf die Chaussee, kurz li Richtung **Prötzel**, vor
❻	30,5	**Stadtstelle** re (!) in den Grund der
❼	32	**Lattseen** und weiter immer in der Senke bleibend zum
❽	34,6	**Ihlandsee**, jetzt auf der Chaussee li nach
❾	35,5	**Wilkendorf**, am Ortseingang re zum
❿	37,8	**Kinderbauernhof ›Roter Hof‹** und weiter zum Nordufer des Straussees, jetzt kurz li und gleich re am Ostufer in die *Badstraße* und in die Stadt **Strausberg**, dort durch die *Große Straße*, re in die *Klosterstr.* Zur
⓫	39,7	**Marienkirche Strausberg**, li *Predigerstr.*, re *Große Straße*, li *Wallstr.*, re *An der Stadtmauer*, re *J.-Zettler-Ring*
⓬	42,5	zum **S-Bf. Strausberg-Stadt** oder
⓭	50,3	für die Zielvariante **Bf. Strausberg**:

Beschreibung von **Bernau** siehe Ende der **Tour Oranienburg**.

Unser Weg beginnt am **Bahnhof** ❶ gleich scharf rechts durch die Unterführung. Hier führt ein Fußweg zum **Neubauviertel mit den Sternennamen**. Die gelbe Wanderwegmarkierung führt uns zügig aus der Stadt und glatt nach Osten zum betonierten Feldweg nach **Börnicke**. Am Ortsrand von **Bernau** machen wir einen deutlichen Rechts-Links-Versatz und rollen dann auf mäßigem Beton parallel zur Chaussee nach **Börnicke** ❷.
4 km Hier halten wir uns links, bis rechts die Chaussee nach **Seefeld** abzweigt.

Kirchenruine Beiersdorf

In **Börnicke** steht gegenüber der Kirche ein Herrenhaus der Mendelssohn-Bartholdys. Konzerte unter www.schloss-boernicke oder Tel. 03 33 94 / 56 22 2.

Nach wenigen Metern – direkt hinter dem Wäldchen – zweigen wir wieder links ab. Auf einer LPG-Straße fahren wir erst sanft rechts und biegen gleich wieder links ab.

Die Berliner Stadtgüter, die die Gegend mehrheitlich bewirtschaften, haben begonnen, wieder Windschutzstreifen aus Benjeshecken (Wildhecken) anzulegen und alte Pfuhle (Teiche) freizulegen, die lebensnotwendig für die Unke sind. Die etwas kahle und zugige Barnimhochfläche gewinnt damit wieder an Charakter. Das Schönste für den Großstädter sind eigentlich die Ruhe und der weit schweifende Blick über die Felder. Bis ca. 1300 waren hier noch riesige Wälder, wie es sie heute nur noch weiter östlich gibt.

Wir sehen auch schon **Willmersdorf** mit zwei Türmen, damit man sich die beiden ›ll‹ im Namen besser merken kann.

Hinter **Willmersdorf** ❸ teilt sich die Straße. Wir halten uns links und kommen nach 4 km Fahrt über die schöne Allee nach **Schönfeld**. 8,2 km

Schönfeld ist eine der Plansiedlungen aus dem 13. Jh., wie sie auf der Grundmoränenplatte des Barnim errichtet wurden. Die klangvollen Namen (Blumberg, Grüntal, Freudenberg etc.) sollten Siedler anlocken und die Orte aufwerten. Auch die Kirche dieses Ortes ist aus Feldsteinen errichtet und stammt aus dem 13. Jh. Wenn man um das Gebäude herumgeht, stellt man fest, dass der hintere Teil zerstört ist. Das Kirchenschiff wurde verkleinert und neu gedeckt. Das Restaurant ›Ritter zur Linde‹ lockt hier zur Einkehr.

16,3 km Auf der ruhigen Allee geht die Strecke weiter nach **Beiersdorf** ❹. Dort finden wir gleich am Ortsbeginn neben einem ruinösen Herrenhaus eine verfallene Windmühle. Passend zum Ambiente erwartet uns vorübergehend grobes Pflaster, wir können aber neben der Fahrbahn auf einer Sandbankette fahren.

Im Ort steht – das überrascht schon nicht mehr – eine **Kirchenruine**, der Dach und Turmspitze fehlen. Das Dach ist erst 1976 wegen Vernachlässigung eingestürzt. Der Wiederaufbau ist schon lange geplant. Gegenüber der Kirche findet man – leicht zu übersehen – eine alte Waage. Wir erkennen sie an der eisernen Umrandung der Plattform und dem Häuschen.

Den Wegweisern nach **Bad Freienwalde** folgend gelangen wir auf Asphalt nach **Freudenberg**. Hier können wir dem Pflaster nicht ausweichen. Die holprige Straße führt direkt auf die **Kirche** zu und um sie herum.

Wir sehen mehrere Teiche links und rechts der Straße. Am größten davon, links neben der Kirche, befindet sich das ehem. ›Gasthaus am Weiher‹.

Dem einstigen Silberstreif am gastronomischen Horizont des Barnim, wie Gourmets bekunden, war keine Fortune beschieden, erst brannte er ab und ist jetzt pleite.

Hochsommerallee auf dem Barnim

Wir queren die Straße von **Eberswalde** nach **Tiefensee** (dort liegt der nächste Bahnhof, falls Sie Probleme haben) und die Landschaft ändert sich. Die erste bewaldete und kühle Senke erwartet uns.

Dann ein Anstieg, und wir gelangen auf die B 158. Vorsicht! Aber für 500 m weiß ich keine Alternative. Wieder geht es bergab und wieder hoch.

Nach einer Rechtskurve erreichen wir **Leuenberg** ❺. 23,2 km

Leuenberg liegt 115 m hoch und ist damit der höchste Ort in diesem Buch. Wer sich nicht für die mountainbike-mäßige Variante Gamengrund entscheidet, sondern für die Waldwege über die Langen Berge, kommt noch höher. Erst bei ungefähr 140 m, also

100 m über dem Berliner Niveau und 70 über dem von Bernau, ist die Passhöhe erreicht. Ich weiß, Süddeutsche überfällt jetzt ein Hustenreiz, aber diese Gegend wird unter Berlinern echt als Geheimtipp für den Wintersport gehandelt. Aber auch zu anderen Zeiten ist dieser Wald reizvoll, denn es ist eben keine monotone Kiefernansammlung, sondern ein reicher Mischwald. Bioprodukte und Ferienwohnungen gibt es auf dem Biolandbetrieb Behringhof (Tel. 03 34 51 / 61 85).

Die Wegweiser zum **Waldhotel Forsthaus** sind unübersehbar. Wir biegen nach rechts auf die ruhige Straße ab. Kurz hinter dem leider stillgelegten **Bahnhof Leuenberg** ist aus einem ehemaligen Forsthaus ein **Waldhotel** entstanden.

Unser Weg bleibt links vom **Forsthaus** und führt dann geradeaus in das Gebiet der Langen Berge. Der Weg macht einige leichte Biegungen, ohne die Richtung Südost zu verlieren, dabei ist der Belag relativ steinig, wird aber bald nach der ersten Abfahrt durch eine Auflage aus schwarzer Schlacke recht angenehm. Wir gelangen an eine x-förmige Kreuzung, fahren weiter geradeaus. Kurz nach einer **Müllkippe** (pfui!) gelangen wir auf die Chaussee nach **Prötzel**, auf die wir kurz links einbiegen.

Die Straße durchfährt die zweite eiszeitliche Rinne des Blumenthals in einer sanften Rechtskurve. Wo sie wieder sanft ansteigt, führt rechts unser Weg abwärts zu einem einsamen Waldpark-
30,5 km platz vor **Stadtstelle** ❻.

Achtung! Hier halten wir uns wieder rechts, um auf das West-
32 km ufer der **Lattseen** ❼ zu gelangen.

Dieser Weg ist schließlich nur noch eine von Sportanglern befahrene Spur. Natürlicher Mischwald und verlandende Rinnenseen bieten Einblicke in die Geschichte unserer Landschaft. Allerdings bietet das Gelände auch den Mücken ideale Lebensbedingungen. Unweit östlich der **Lattseen** vermuten viele Heimatkundler das »märkische Atlantis«, wo auf vielen Karten **Stadtstelle** (1 km Abstecher) vermerkt ist. Auch Fontane behauptet in seinem Band ›Oderland‹ schlicht: »Hier stand vor 500 Jahren das Städtchen Blumenthal, das seitdem dem ganzen Walde den Namen gegeben hat.« Andere versteigen sich sogar zu Schilderungen von nackten Semnonen, die wild um einen heidnischen Opferstein herumtanzen. Der flache Stein liegt wohl da. Nachgewiesen sind bisher nur Reste eines verlassenen Dorfes, mehr nicht.

Waldsee

Mitten in der Senke quert ein größerer Weg den unsrigen. Hier treffen wir auf die grüne Wanderwegweisung, der wir kurz folgen. Schon bald darauf führt an einer Gabelung der grün markierte Weg halblinks direkt nach **Wilkendorf**, der rechte Weg ist durch eine rot-weiße Schranke gesichert und als Wanderweg zum **Ihlandsee** ausgewiesen. Der rechte Weg ist zwar der längere, aber ich würde ihm eindeutig den Vorzug geben.

Von der **Natur-Badestelle am Südostufer des Ihlandsees** ❽ 34,6 km
schieben wir hoch auf die ruhige Straße. Wir fahren links nach **Wilkendorf**.

Überraschend öffnet sich der Blick auf eine Schlossanlage linker Hand. Es war das Gästehaus der Verteidigungsminister der DDR.

Vor dem Tor der Schlossanlage trennt sich die Straße, links führt die alte in den verschlafenen Ort **Wilkendorf** mit seinem Buckelpflaster und der alten Feldsteinkirche, rechts die neue ganz glatt asphaltierte ist Ortsumgehung und Zubringer zum neuen Golfplatz.

Ein Familiengrab derer von Pfuel, denen einst ein großer Teil des Blumenthals gehörte, befindet sich hinter der Kirche. Ihr Sitz war nicht das Schloss, sondern ein Gut, an dessen Stelle die DDR ein langweiliges Siedlungshaus erstellte.

35,5 km Am Ortseingang **Wilkendorf** ❾ führt ein schwarzer Schlackeweg gerade nach Süden zum **Bahnhof Strausberg Nord.** Da die S-Bahn dort aber nur alle 40 Minuten fährt, radeln wir lieber weiter in die Stadt.

Nach der Durchquerung eines kleinen idyllischen Tals geht es aufwärts. Oben am Waldrand heißt es aufpassen und spitzwinklig rechts wieder abwärts rollen. Das Schild ›Straussee‹ ist aus unserer Richtung schlecht zu erkennen.

Wir passieren am Torfsee einen **Kinder-**
37,8 km **bauernhof ›Roter Hof‹** ❿ mit Einkehrmöglichkeit Di - So, (Tel. 0 33 41 / 30 99 60). Der kleine See fehlt noch auf vielen Karten, weil er erst in den DDR-Jahren durch Torfabbau entstand.

Auf einer Schotterpiste gelangen wir auf die Umgehungsstraße von **Strausberg**. Wir queren sie und folgen dem Pfad am Ufer des Sees nach links. Wer hier rechts fährt, kann später mit der Fähre übersetzen.

MTB-Alternative durch den Gamengrund

Wer es sich zutraut, kann von **Leuenbergs** westlichem Ortsrand bis zur Chaussee nach **Gielsdorf** auch durch den Gamengrund mit dem Rad fahren (und schieben!). Die gesamte eiszeitliche Schmelzwasserrinne wird von einem blau markierten Wanderweg (kein Fahrweg!) begleitet, der im südlichen Bereich auch Heidewanderweg genannt wird. Die typischen Rinnenseen sind untereinander aber nicht durch einen Wasserlauf verbunden, so dass innerhalb des Grundes immer wieder steile Unterbrechungen auftauchen. Die Seen befinden sich vor allem im nördlichen und im südlichen Abschnitt. Besonderes Geschick ist für die Überquerung der alten Bahnlinie Leuenberg-Tiefensee nötig.

Hinter **Gielsdorf** kann man auch von dieser Route aus den Abstecher zum Ihlandsee und nach **Wilkendorf** einbauen oder zur Erholung auf der Straße nach **Strausberg** rollen.

Begegnungen

Wir bleiben am Ufer des Straussees, auch wenn die Straße sich entfernt, und folgen der *Badstraße*, die direkt durch das **Bad** mit herrlich klarem Wasser in die Stadt **Strausberg** führt. Auf der sich anschließenden *Großen Straße* gibt es keinen großen Verkehr.

Strausberg hat über 25.000 Einwohner. Im Zentrum finden Sie neben Geschäften auch einige Gaststätten. Der Name schreibt sich übrigens wirklich nicht mit ›ß‹ und hat auch nichts mit dem Vogel zu tun, den sich die Stadtväter ins Wappen geholt haben. Vermutlich ist es von ›Sruce‹ abzuleiten, was so viel wie ›Schote‹ oder ›Hülse‹ heißt und sich auf die Form des Sees bezog.

Im 18. Jh. erlebte das Tuchgewerbe von **Strausberg** seine Blütezeit. Es wurden u. a. Uniformstoff und später hauptsächlich Fla-

Ländliches Idyll

nell produziert. Im Zentrum finden wir klassizistische Bürgerhäuser sowie das 1825 erbaute Rathaus und die Marienkirche (13. Jh.).

39,7 km Die für die Mark große **Marienkirche** ⓫ beherbergt einen geschnitzten Altar aus der Zeit von 1520, als die gotische Schnitzkunst ihren Höhepunkt hatte und eine barocke Orgel.

Wer noch Zeit und Lust hat, kann eine Bootstour über den See machen (Bootsverleih Tel. 0 33 41 / 230 74) oder aber mit der **Personenfähre** über den Straussee fahren und die Südhälfte des Sees auf dem zum Teil schmalen Weg umrunden. Die **Fähre** über den See ist eine technische Kuriosität und einzigartig in Europa: Sie hat seit 1915 einen Elektroantrieb und 350 m Oberleitung (!), für Segler ein elektrisierendes Gefühl. Räder können mitgenommen werden.

Das Restaurant ›Zur Fähre‹ mit Biergarten (täglich geöffnet) diesseits des Sees lädt zur Einkehr.

Daneben liegt der Seegasthof mit schönem Blick über den See.

Um zum **S-Bahnhof Strausberg-Stadt** zu kommen, wenden wir uns vom Fähranleger landeinwärts in das Neubaugebiet, über *Wallstraße* und *J.-Zettler-Ring*. **Die S-Bahn von**
42,5 km **Strausberg-Stadt** ⓬ fährt nur alle 40 Minuten, da die Strecke einspurig ist.

Wegbeschreibung zum Bahnhof Strausberg

Vom südlich der Stadt gelegenen **Bahnhof Strausberg** besteht 20-Minuten-Takt bei der S-Bahn und Stundentakt mit der schnelleren Regional-Bahn nach **Berlin-Lichtenberg**. Der Weg vom

Strausberger Zentrum zum **Bahnhof Strausberg (Vorstadt)** ist mit der 9 auf der ADFC-Regionalkarte gekennzeichnet.

Von der Fähre können Sie langsam auf der Straussee-Promenade bis zum Südzipfel des Straussees fahren. Nur kurz müssen Sie dann auf die *Berliner Straße*, aber hier hat sie schon einen Radweg. Wenn die Tram die Straße kreuzt, folgen wir den Gleisen bis zur **Station Schlagmühle** auf einem Waldweg und wechseln dort auf den neuen Radweg der *Gustav-Kurtze-Promenade*.

Diese führt direkt zum **Bahnhof Strausberg ⓭**. 50,3 km

Anschluss zu Tour Müggelsee

Vom **Bahnhof Strausberg (Vorstadt)** durch die *Bahnhofstraße* nach Osten und dann leider mit Verkehr kurzfristig auf der *Hennickendorfer Chaussee* über die Gleise. Wer mag, kann sich auf den Kombiweg neben der Straße zurückziehen. Rechts liegt ein Bundeswehrgelände. Bald verlässt uns der Verkehr, und wir fahren auf einer ruhigen (anfänglich noch asphaltierten) Strecke durch den Wald. Nach dem **Wasserwerk** beginnt eine etwas ausgefahrene Sandpiste, die einmal einen Schlenker macht.

Den blau markierten Uferweg können wir Radler getrost vergessen. Keinesfalls sollten wir ihm zwischen **Tasdorf** und **Rüdersdorf** zu folgen versuchen. Dieser Weg wurde von ABM-Kolonnen mehrfach mit abgewinkelten Holztreppen versehen.

Weiter fahren wir wieder auf dem geraden Weg Richtung **Tasdorf**. Ab jetzt ist der Weg autofrei und deswegen nicht zerfahren. Das letzte Stück vor **Tasdorf** können wir der blauen Markierung folgen, wir kommen dann durch ein Gut mit einem verlassenen Herrenhaus, dem noch deutlich die Spuren des Krieges anzusehen sind.

Weiter nach **Rüdersdorf** müssen wir oben an der Straße mit dem Radweg bis **Schulzenhöhe** bleiben. Dort biegen wir links ab zum **Museumspark Rüdersdorf** (siehe **Tour Müggelsee**).

Tour Müggelsee: Mit dem Fahrrad unter der Spree – die Runde um den Müggelsee

Friedrichshagen – Woltersdorf – Erkner – Müggelberge – Friedrichshagen

Wieder einmal müssen wir gar nicht weit raus, um schön im Grünen ohne Verkehr zu radeln: Raus aus der S-Bahn und rein in den Wald! Diese Rundtour über Woltersdorf und um den Müggelsee wird gern am Feierabend oder mit der Familie am Sonntag gemacht. Am schönsten aber ist sie werktags. Dann kann man ungestört am Ufer des Müggelsees radeln. Die Route ist ca. 35 km lang, kann aber als Tagestour geplant werden, da sich Abstecher in den Museumspark Rüdersdorf, an den Wupatzsee, in die Müggelberge oder in die Köpenicker Altstadt anbieten. Badebuxe nicht vergessen – der See ist nämlich sauberer als früher! Und warum das Fahrrad unter die Spree kommt – na, das verrate ich Ihnen erst zum Schluss!

Start und Ziel:	*S-Bf. Friedrichshagen (S 3) oder S-Bf. Spindlersfeld (S 47), (+ 3,5 km)*
Streckenlänge:	*36 km (45 km mit Rüdersdorf)*
Steigungen:	*Kaum, jedoch viele Stufen im Tunnel unter der Spree und zum Müggelturm: 57 Höhenmeter*
Streckenprofil:	*Wechselhaft, auch einige schlechte Waldwege, sonntags viele Fußgänger, Straßenbahnschienen*
Wegweisung:	*Auf dem Rückweg teilweise ausgeschildert »R1« sowie gelber Wanderweg*
Verknüpfungen:	*Tour Barnim und Tour Nottekanal*
Sehenswürdigkeiten:	*Woltersdorf: Schleuse; Rüdersdorf: Museumspark Kalksteinindustrie; Erkner: G-Hauptmann-Museum; Köpenick: Inselaltstadt, Schloss, Kleiner und Großer Müggelsee; Müggelberge: Spreetunnel*
Information:	*Tourismusverein Berlin-Köpenick, Tel. 0 30 / 655 75 50*

Dahme-Fähre

Die Tour auf einen Blick

Nr.	km	Beschreibung
1		**S-Bf Friedrichshagen**, *Bölschestraße*, Müggelseedamm li.,
2	2,4	**Wasserwerk Friedrichshagen**, Fürstenwalder Damm
3	5	**Strandbad Müggelsee**, Straße nach Fichtenau li,
4	6,8	**S-Bf Rangsdorf**, dann Radspur rechts der Tramgleise nach Woltersdorf, *Berliner Straße*, *Thälmannplatz*, *Schleusenstraße*
5	12,2	**Woltersdorfer Schleuse**
6	12,4	**Liebesquelle**
6a		**Kranichsberg** (+300 m).
6b		**Museumspark der Baustoffindustrie Rüdersdorfer Kalkstein** (Abstecher: 9 km hin und her), Strandpromenade re
	14,2	**Löcknitzidyll**
7	16,4	**Wupatzsee**, *Fürstenwalder Str.* li
8	18	**Gerhart-Hauptmann-Museum**, *Friedrichstr.* re, Brücke über „Das Schnelle Loch“, *Hessenwinkler Str.* li, *Lindenstraße*, *Kanalstraße*, li, *Im Haselwinkel*, re
9	20,8	**Triglavbrücke**, Waldweg re, *Schönhorster Str.*, Endhaltestelle der Buslinie M 69
10	25,4	**Badestelle Kleiner Müggelsee**, Str. zum Müggelhort re, *Am Müggelsee* li, **Großer Müggelsee**, Gaststätte Rübezahl (29,8 km)
11	30,5	**Müggelturm**, Str. zum Müggelturm, Li-Re-Versatz über den *Müggelheimer Damm*
12	34,6	**Spreetunnel**, **Müggelseedamm** li, *Bölschestr.* re
13	38,3	Zielvariante **Köpenick**, Altstadt und Schloss, S-Bhf Spindlersfeld (39,3 km)
1		**Friedrichshagen** (36,3 km) Ausgangspunkt

Die S-Bahn (S 3) fährt alle 10 Minuten vom Zentrum nach **Friedrichshagen**. Direkt am **S-Bahnhof** 1 beginnt die zu den Berliner Stadtforsten zählende *Krummendammer Heide*. Da die Ostberliner Wälder einen höheren Kiefernanteil haben als die im Westen, sind sie waldbrandgefährdet und viele Wege recht sandig. Mehr Laubbäume finden wir nachher bei Woltersdorf und westlich der Müggelberge bzw. an den Ufern der Seen.

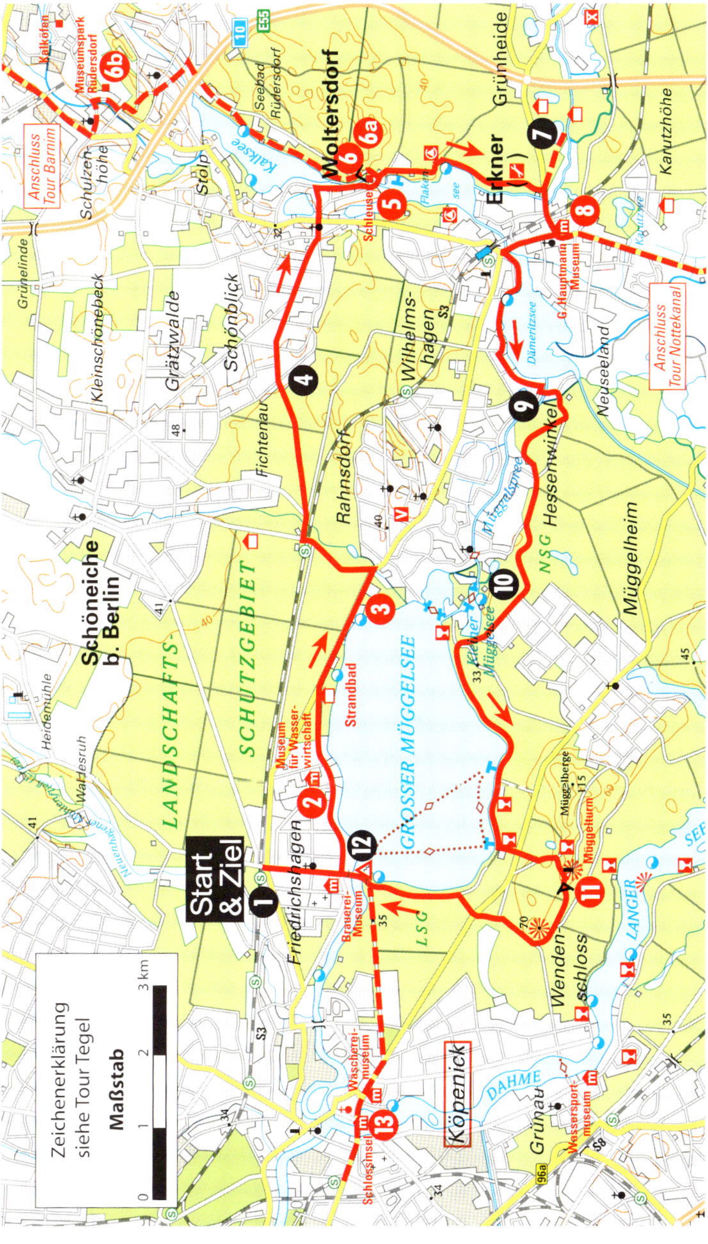
Start & Ziel
Zeichenerklärung siehe Tour Tegel
Maßstab
0
1
2
3 km
Woltersdorf
Erkner
Grünheide
Karutzhöhe
Schöneiche b. Berlin
Kleinschönebeck
Grätzwalde
Schönblick
Fichtenau
Rahnsdorf
Wilhelmshagen
Hessenwinkel
Neuseeland
Müggelheim
Friedrichshagen
Köpenick
Grünau
Wendenschloss
Schulzenhöhe
Stolp
Seebad Rüdersdorf
Grünelinde
Heidemühle
Wallesruh
Kalksee
Flakensee
Dämeritzsee
Müggelspree
Kleiner Müggelsee
GROSSER MÜGGELSEE
DAHME
LANGER SEE
LANDSCHAFTS-SCHUTZGEBIET
LSG
NSG
Anschluss Tour Barnim
Anschluss Tour Nottekanal
Museumspark Rüdersdorf
Kalköfen
Schleuse
G. Hauptmann Museum
Strandbad
Museum für Wasserwirtschaft
Brauerei-Museum
Müggelturm
Müggelberge
Wäscherei-museum
Schlossinsel
Wassersport-museum
1
2
3
4
5
6
6a
6b
7
8
9
10
11
12
13
S3
S8
10
E55
96a

Wir aber fahren nicht gleich in den Wald, denn die Waldwege selbst sind alle recht sandig und zerfurcht, sondern wählen die historische *Bölschestraße* durch Friedrichshagen.

Die nach einem lokalen Dichter benannte **Bölschestraße** bietet noch mancherlei Dörfliches unter anderem zwei Maulbeerbäume, die der Alte Fritz zur Gewinnung von Uniformstoffen in der Mark anpflanzen ließ. Daran erinnert ein Denkmal auf dem zentralen Marktplatz.

In Friedrichshagen lockt an der Nordseite der Spree Schrörs Biergarten. Ein Bootsverleih wartet auf Sie am *Müggelseedamm 70*, Tel. 0 30 / 6 41 12 91.

Am *Müggelseedamm 307* liegt das **Wasserwerk Friedrichs-**
2,4 km **hagen** ❷. Erbaut wurde es 1893, damals als größtes in Europa, 1979 wurde es stillgelegt und 1987 zum Museum ausgebaut. Öffnungszeiten: Di.- Fr. 10-16 Uhr, So. 10-17 Uhr, Tel. 0 30 / 86 44 76 95.

Wenn rechterhand die Bebauung aufhört, kann man für einige hundert Meter direkt an der Waldkante oberhalb des Müggelsees fahren. Das ist sehr schön. Aber bitte nicht ins trudeln kommen, unter Ihnen liegen meist viele Nackte am Ufer in der Sonne.

5 km Kurz darauf treibt uns der Zaun des **Strandbads** ❸ wieder auf den Radweg am Fürstenwalder Damm. Der Strand ist ideal für Kinder, da der See hier sehr flach ist.

Gleich darauf führt uns linkerhand eine Straße zum **Bahnhof**
6,8 km **Rahnsdorf** ❹. Hinter der Unterführung halten wir uns rechts. Wenn die Tram die Straße kreuzt, folgen wir ihr rechts der Gleise durch den Wald bis Woltersdorf. Dort können wir ihnen auf der *Berliner Straße* durch den Ortsteil Schönblick folgen.

In **Woltersdorf** senkt sich unsere Strecke am *Thälmannplatz*, und unsere Radspur ist zu Ende. Hier im Zentrum von **Woltersdorf** stößt die *Berliner Straße* auf die *Köpenicker Straße*.

Wir folgen den Straßenbahnschienen weiter entlang der
12,2 km *Schleusenstraße* bis zur **Woltersdorfer Schleuse** ❺.

Seit 1557 ist hier schon eine Schleuse dokumentiert. Zwar ist die Schleusenkammer von 1860, die Klappbrücke aber wurde in den letzten Jahren durch eine neue ersetzt. Der Kanal führt zu den großen Zementwerken Rüdersdorf, die einen Tagebau wieder in Be-

Biergarten am Müggelsee

trieb genommen haben, der zu Beginn dieses Jahrhunderts geflutet worden war. Daher der Name ›Kalksee‹ für den oberhalb der Schleuse gelegenen See. Noch Anfang des 19. Jh. zählten die Orte Erkner 113, Woltersdorf 263 und Schöneiche 219 Einwohner. Mit dem Muschelkalkabbau in Rüdersdorf und dem Transport des Kalksteins auf dem Wasserweg nach Berlin seit 1804 siedelten sich mehr Menschen an. Kalkstein, das alte Grundgestein unserer Gegend, ist fast überall durch die Einflüsse der Eiszeiten mit Geschiebe überdeckt, nur hier tritt es noch zu Tage. Selbst Alpenblumen kommen in dieser Gegend vor.

Aber wenn Sie neben der bekannten **Liebesquelle** ❻ auch noch 12,4 km
eine Alpenrose finden, haben Sie mehr als Glück.

Herrlich sitzt es sich auf der Terrasse des nach dem Brunnen benannten *Gasthauses ›Liebesquelle‹*. Vorsicht! Der Kaffee wird hier mit dem Wasser gebraut, das die Trinkenden sich angeblich ein Leben lang lieben lässt. Die Öffnungszeiten richten sich nach dem Thema **Liebe**: Vormittags ist zu, dafür jeden Abend lange offen... (Tel. 0 33 62 / 53 40). Ein Tipp für jene, die neben Luft und Liebe noch anderes zu sich nehmen wollen. Frischer Spargel oder die Pflaumen für den Blechkuchen stammen vom eigenen Grundstück. Der nächste Bootsverleih ist an der Strandpromenade.

Bülow-Kanal

Kalksee

Zwei unterschiedlich lange Abstecher bieten sich an, der kürzere geht zu Fuß hoch durch schönen Mischwald zum **Aussichtsturm** auf den **Kranichsberg** 6a (+300 m). Im Innern des Aussichtsturms erstaunt eine Ausstellung über Woltersdorfs große Zeit als ›Hollywood am Kalksee‹. Lassen Sie sich überraschen! (Tel. 0 33 62 / 247 93).

Wer den längeren **Abstecher nach Rüdersdorf** (+9 km) machen möchte, folgt von der **Liebesquelle** der *Waldstraße* nach **Rüdersdorf**, biegt dort kurz auf die *Hauptstraße* (mit Radweg) nach links und vor dem **Kanal** dann nach rechts in die *Heinitzstraße* mit dem **Museumspark der Baustoffindustrie Rüdersdorfer Kalkstein** 6b ein (Tel. 03 36 38 / 77460, www.museumspark.de, tgl. 10 bis 18 Uhr, am Wochenende um 10 Uhr geologische Führung und 11 und 14 Uhr historische Führungen).

Am **Magazingebäude** können Sie zu Besichtigungen auf dem Gelände starten. Sonnenbrille nicht vergessen, der größte Steinbruch Mitteleuropas ist bei Sonne grellweiß!

Seit über 700 Jahren wird hier Kalkstein abgebaut. Erhalten ist das Bülowportal, das deutlich in Anlehnung an französische Revolutionsarchitektur entstanden ist. Leider ist das berühmte Ostportal des Rederntunnels noch verschüttet. Niemand geringeres als Schinkel schuf die Architektur, und C. D. Rauch schmückte sie mit drei Königsbüsten. Warum dieser Aufwand? Alles was Rang und Namen hat, vom Brandenburger Tor bis zum Dom, ist aus Rüdersdorfer Kalkstein. Das Gestein ist eine im Laufe von 10 Mio. Jahren entstandene Ablagerung eines Flachmeeres, das sich vor ca. 240 Mio. Jahren über unserer Gegend befand. Daher kann man hier auch regelmäßig Fossilien mit diesem Alter finden, seltener auch mal einen Saurier.

Wir halten uns längs des **Flakensees** nach **Erkner**.

Dieser Weg ist anfangs eine begangene Promenade, wird jedoch später im Wald bequemer. Bademöglichkeit am Flakensee. Schaun Sie mal, sieht das Wasser nicht wieder verlockend klar aus?

14,2 km Am **Wirtshaus ›Löcknitzidyll‹** stoßen wir auf die stärker befahrene *Fürstenwalder Straße*.

Liebesquelle in Woltersdorf

Über den Parkplatz hinter der Gaststätte erreicht man den vogelreichen **Wupatzsee** ❼, den man zu Fuß oder auf ähnliche Weise wie die vorherige Strecke am Flakensee mit dem Fahrrad umrunden kann. 16,4 km

Nun folgt ein kurzes Stück auf der *Fürstenwalder Straße* links in das Zentrum von **Erkner**. An der Kreuzung wenden wir uns nach rechts auf die mit einem Radweg ausgestattete *Friedrichstraße*.

Der ehemalige Industrieort (Bakelitewerke) **Erkner** hat zwei Aspekte: einerseits die bombardierte Innenstadt mit ihrem sozialistischen Wiederaufbau und andrerseits die wunderschöne Lage: Es liegt knapp außerhalb der Berliner Stadtgrenze beiderseits des Flakenfließ, das den Flakensee mit dem Dämeritzsee verbindet.

Heute wohnen ca. 11.000 Menschen in der Stadt. Einem ihrer berühmtesten Einwohner, Gerhart Hauptmann, hat die Stadt ein Museum gewidmet: das **Gerhart-Hauptmann-Museum** ❽ (Di bis 18 km
So 11 bis 17 Uhr, Tel. 0 33 62 / 36 63). Die Besichtigung seiner Villa ist lohnenswert. Hauptmann holte sich hier, unweit des Bahnübergangs der Linie Berlin-Warschau, die Eindrücke für seinen ›Bahnwärter Thiel‹. Nachdem er mitbekommen hatte, dass ihn der Ortsvorsteher »wegen Jonglierens mit Apfelsinen und auffällig häufigen Besuchs« beobachtete, rächte sich der Bespitzelte mit dem Theaterstück ›Der Biberpelz‹, in dem er Mutter Wolffen die Obrigkeit erfolgreich foppen lässt.

Südlich von **Erkner** erstreckt sich ein ausgedehntes Feuchtgebiet, das von Bächen und Flüssen, darunter auch Müggelspree und Löcknitz, durchzogen wird. Ab Sommer 2005 ist der Spreeradweg bei Hohenbinde fertig gestellt sein, so dass sich eine bequeme asphaltierte Verknüpfung zur Tour **Rund um den Schermützelsee** im Band ›Brandenburg‹ anbietet.

Anschluss an Tour Nottekanal

Wer die Runde um **Berlin** machen möchte, kann von hier über **Neu Zittau**, **Wernsdorf**, **Ziegenhals** und **Niederlehme** auf einem straßenbegleitenden Radweg **Königs Wusterhausen** und damit den Ausgangspunkt von **Tour Nottekanal** erreichen. Diese Strecke ist ca. 19 km lang.

Hinter der **Brücke über ›Das Schnelle Loch‹** zweigt rechts die *Bahnhofstraße* ab. Von hier erreichen Sie schnell wieder das Berliner Zentrum. Wir folgen ab jetzt im Wesentlichen der Beschilderung des Radwegs R 1 mit einigen Verbesserungen: Nach der Räumung des Kasernengeländes ist am Nordufer des Dämeritzsees eine neue Promenade geschaffen worden. Wir fahren also gleich nach der Brücke links auf die *Hessenwinkler Straße* ab und fahren hinter dem **Freibad** auf dem Fußweg weiter. Den reichen Berliner Stadtteil **Hessenwinkel** durchqueren wir über die *Lindenstraße*, links durch die *Kanalstraße*, rechts *Im Haselwinkel* und
20,8 km
über die **Triglavbrücke** ❾, mit der Sie die Müggelspree überqueren können. Rechter Hand befindet sich der Ortsteil **Klein-Venedig**.

Inzwischen hat sich die Beschilderung des R 1 zu uns gesellt, der wir jetzt im Wesentlichen folgen können. Der Weg führt weiter durch den Wald, der wiederum einen hohen Kiefernanteil hat, Richtung **Naturschutzgebiet Krumme Lake.** Ab der Siedlung Schönhorst wird er bis Müggelheim apshaltiert und heißt Schönhorster Straße. An der nächsten Weggabelung
25,4 km
wählen wir den glatten Schlackeweg rechts Richtung **Müggelsee** ❿, der sich bald mit dem Asphaltweg von den Müggelheimer Wiesen verbindet.

Müggelsee

Von der Endhaltestelle der Buslinie M69 an der Odernheimer Straße führt ein Weg zu der beliebten Gaststätte ›Neu Helgoland‹, wir folgen entweder dem R 1oder näher am Ufer dem gelb markierten Wanderweg.

Rechts unter uns liegt eine wunderbare Bademöglichkeit mit großem, steil ansteigenden Sandstrand am Kleinen Müggelsee. Bald ist der **Große Müggelsee** erreicht, und wir haben jetzt eine schöne Strecke Uferwegs vor uns. Mit 7,4 qkm ist er der größte der Berliner Seen. Die Wasserqualität ist nach der Wende deutlich besser geworden.

Von den großen Gaststätten am **Müggelsee** ist der ›Müggelhort‹ die gemütlichste. Die ›Müggelseeperle‹ und der ›Rübezahl‹ sind groß und modern. Die Uferpromenade (gelb markiert) darf man in

Ufergrundstück

deren Bereich nur besonders defensiv mit dem Rad benutzen, der R 1 verläuft parallel, wo man den See nie sieht.

29,8 km Wer Berlins höchsten natürlichen Gipfel per Rad erreichen will, fahre und schiebe vom Parkplatz des ›**Rübezahl**‹ quer über die Hauptstraße zum **Teufelssee**.

Am **Teufelssee** unterhalten die Berliner Forsten ein Naturlehrkabinett und umfangreichen Lehrpfad zu den Müggelbergen (Anmeldung unter Tel. 030 / 654 13 71).

30,5 km Vom See aus geht es schräg rechts zum **Müggelturm** ⑪, der nicht etwa auf der höchsten Erhebung (115 m) der Müggelberge steht.

Eine asphaltierte Straße führt mit mäßiger Steigung zu dem Punkt, auf dem früher der schöne, 1889 im chinesischen Pagodenstil errichtete Aussichtsturm stand. Er brannte 1958 aus und wurde durch einen eckigen Stahlbetonbau ersetzt. Zurzeit streiten sich Investoren und Bezirk über eine neue Nutzung. Das Gebäude ist daher verwahrlost. Der Turm soll in der ursprünglichen Form wieder aufgebaut werden. Hoffentlich klappt es bald, denn von hier aus kann man eine herrliche Aussicht genießen.

Fontane beschreibt Müggelberge und Seen in unheimlichen Bildern, die an schönen Sommertagen heute in all dem Trubel schwierig nachzuvollziehen sind, eher für den Herbst passen: »Die Müggelberge liegen da wie der Rumpf eines fabelhaften Wassertieres, das hier in sumpfiger Tiefe zurückblieb, als sich die großen Fluten der Vorzeit verliefen. Der Teufelssee hat den unheimlichen Charakter aller jener stillen Wasser, die sich an Berghängen ablagern und ein Stück Moorland als Untergrund haben.« Die Berge beschreibt er so: »Die Kuppen befinden sich an den vorgeschobeneren Punkten, so dass der Berg einem ausgedehnten alten Schlossbau gleicht, der ... abgestutzte Ecktürme an seinen Giebelseiten trägt.« (›Spreeland‹)

Nach diesem Blick auf die Schönheit der Berliner Landschaft geht es in einer Serpentine abwärts, und der letzte Teil unserer Tour führt am Westrand des Müggelsees nach Norden. Wir queren den Müggelheimer Damm mit einem Li-Re-Versatz. Der wieder glatt asphaltierte Radweg verläuft mit etwas Abstand vom Ufer bis zur Landzunge.

Statt einer Brücke wurde 1927 der **Spreetunnel** ⓬ in 6 m 34,6 km
Tiefe unter der Wasseroberfläche gebaut. Die Treppen sind das letzte Hindernis, bevor man **Friedrichshagen** erreicht. Süd-Berliner können natürlich auch statt des Tunnels Richtung Norden die **Fähre Wendenschloß-Grünau** (F 12) benutzen. Sie fährt halbstündlich, und der BVG-Tarif gilt. Ab **Grünau** fahren häufig S-Bahnen.

Am Ende der *Bölschestraße* befinden wir uns wieder vor dem
Ausgangspunkt ❶, wo uns die S 3 alle 10 Minuten in die Stadt 36,3 km
zurückfährt.

Zielvariante Köpenick

Da die Treppen des **Spreetunnels** ⓬ steil sind, kann man alternativ der Beschilderung R 1 bis **Köpenick** folgen, das man längs des *Müggelschlößchenwegs* und der *Müggelheimer Straße* in 3,5 km erreicht.

Ein kleiner Mann war es, der **Köpenick** berühmt machte. Am 16. Oktober 1906 zeigte ein arbeitsloser und wohnungsloser Schuster, der nie gedient hatte, wie oberflächlich der preußische Kadaver-

gehorsam zu dieser Zeit geworden war. Er lieh sich im Kostümverleih eine Hauptmannsuniform... Sie kennen die Geschichte.

Heute steht vor dem im typischen Protz des späten Kaiserreichs gehaltenen Bezirksrathaus seine kleine Gestalt in Bronze auf einer Insel im Verkehrsgewühl. Ruhiger ist es östlich am *Katzengraben* und am *Schüßlerplatz*, die eine schnell restaurierte Kleinstadtidylle zeigen. Schön ist es am **Schloss** von 1689 mit dem ältesten deutschen **Kunstgewerbemuseum** (Öffnungszeiten: Di - So 10 - 18 Uhr, Tel. 030 / 266 29 02), da dessen Renovierung endlich abgeschlossen ist. Wie vielen alten Gebäuden Berlins macht auch diesem Schloss der Venedig-Effekt zu schaffen: Es steht auf Holzpfählen und sackt mit diesen in den Sumpf. Die Schlosskapelle ist von dieser feinen barocken Schönheit. 1681 schon war das Schloss vollendet, Sie können im Inneren also schweren Prachtbarock erwarten. Schon Fontane sprach
38,3 km vom **Schloss Köpenick** ⓭ als einer dieser »seitab gelegenen und verschollenen Existenzen«.

Köpenick ist 30 Jahre älter als Berlin. Der Name geht auf das wendische Wort *copa* für ›Erdhügel‹ zurück, wie sie heute noch im Spreewald zu finden sind. Lange hielt sich der slawische Fischerkietz neben der deutschen Handelsstadt. Von den Graffiti abgesehen sieht es hier heute noch ganz dörflich aus (letzte Straße vor der Altstadtinsel links *Kietz*).

Schloss Köpenick

Von der Köpenicker Altstadt sind es 1 km zum **S-Bahnhof Spindlersfeld** (über die Lange Brücke) oder 2 km zum **Bahnhof Köpenick** (über die Dammbrücke). In beiden Fällen radelt man richtig im Verkehr.

Hauptmann von Köpenick vor dem Rathaus

Tour Nottekanal: Die Notte – ein vergessener Kanal im Süden Berlins

Königs Wusterhausen – Mittenwalde – Großmachnow – Rangsdorf – Blankenfelde

Die Landschaft direkt südlich von Berlin erscheint nur beim ersten Blick auf die Karte uninteressant. Es gibt kaum ausgedehnte Waldgebiete und auch weniger Seen als im Norden. Aber der erste Eindruck ist nicht immer der richtige. Hier finden wir zwischen der Stadtgrenze, dem Baruther Urstromtal sowie den Seenketten von Havel und Dahme die Hochfläche des Teltow. Die Gegend ist weder flach noch hügelig, eher wellig. Der beschauliche Notte-Kanal, das mittelalterliche Mittenwalde, der Rangsdorfer See und die Nuthe-Niederung sind die Stationen dieser Fahrt. Das auffällige Tröten der Kraniche und die riesigen Wildgansschwärme bezeugen: Hier findet Natur noch Platz im Speckgürtel.

Start:	*S-Bf. Königs Wusterhausen (S 46, RE 2, RB 14)*
Ziel:	*S-Bf. Blankenfelde (RE 3, RE 7)*
Streckenlänge:	*27 km Blankenfelde (oder 43 km bis Lichtenrade)*
Steigungen:	*Keine*
Streckenprofil:	*Feldwege, Asphalt- und Betonstraßen, wenig Pflaster*
Wegweisung:	*Diese Tour ist als Tour 19 auf der ADFC-Regionalkarte ›Berlin und Umgebung‹ 1:75000 (Bielefelder Verlag) dargestellt. In der Landschaft ist er sehr klein als TF5 fast durchgängig ausgeschildert.*
Sehenswürdigkeiten:	*Königs Wusterhausen: Jagdschloss; Mittenwalde: Pfarrkirche St. Moritz, mittelalterliche Stadtanlage; Großmachnow: Feldsteinkirche (13. Jh.), Gutshof mit Uhrenturm (1815)*
Information:	*Touristik-Information Königs Wusterhausen, Am Bahnhof, Tel. 0 33 75 / 25 20-0 oder -19*

Klappbrücke über dem Nottekanal

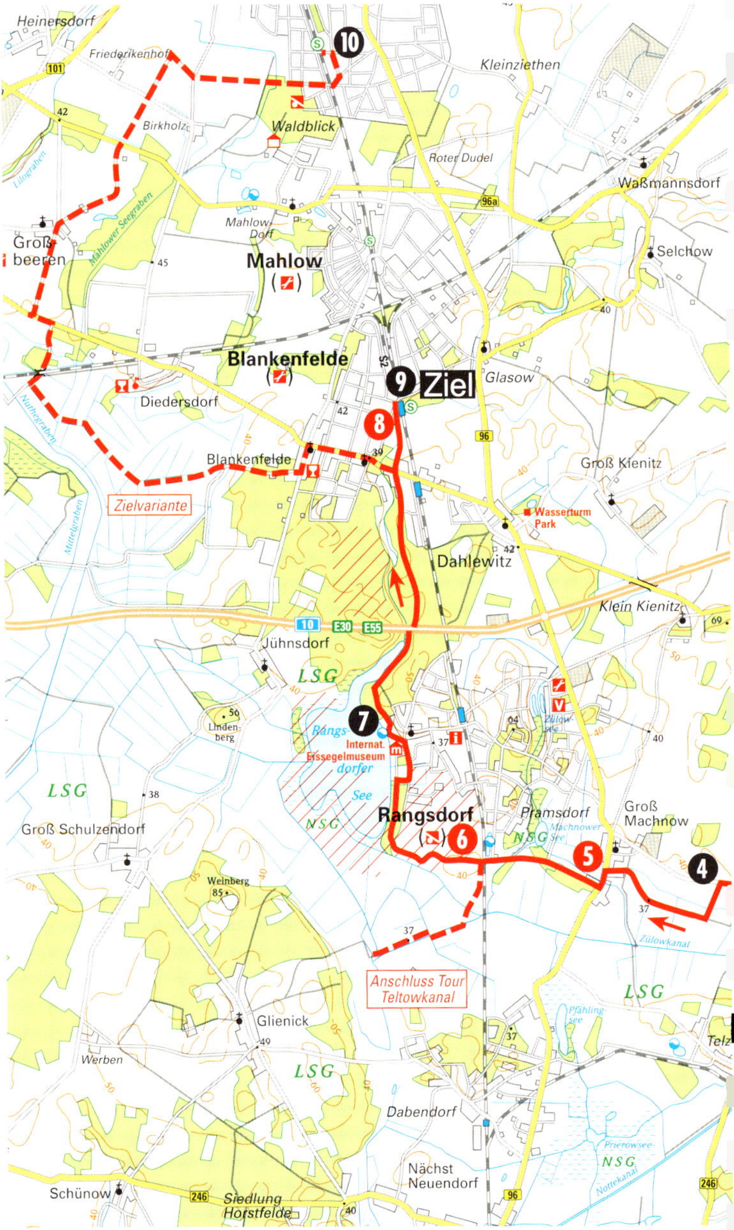
Heinersdorf
Friederikenhof
10
Kleinziethen
Birkholz
Waldblick
Roter Dudel
Waßmannsdorf
Mahlow-Dorf
Groß-beeren
Mahlow
Selchow
Blankenfelde
9 Ziel
Glasow
Diedersdorf
8
Blankenfelde
Groß Kienitz
Zielvariante
Wasserturm Park
Dahlewitz
Klein Kienitz
Jühnsdorf
LSG
7
Rangsdorfer See
Internat. Eissegelmuseum
Linden-berg
LSG
Rangsdorf
6
Pramsdorf
Machnower See
Groß Machnow
Groß Schulzendorf
NSG
5
4
Weinberg
Zülowkanal
Anschluss Tour Teltowkanal
LSG
Pfählingsee
Glienick
Werben
LSG
Dabendorf
Prierowsee
NSG
Nottekanal
Nächst Neuendorf
Schünow
Siedlung Horstfelde

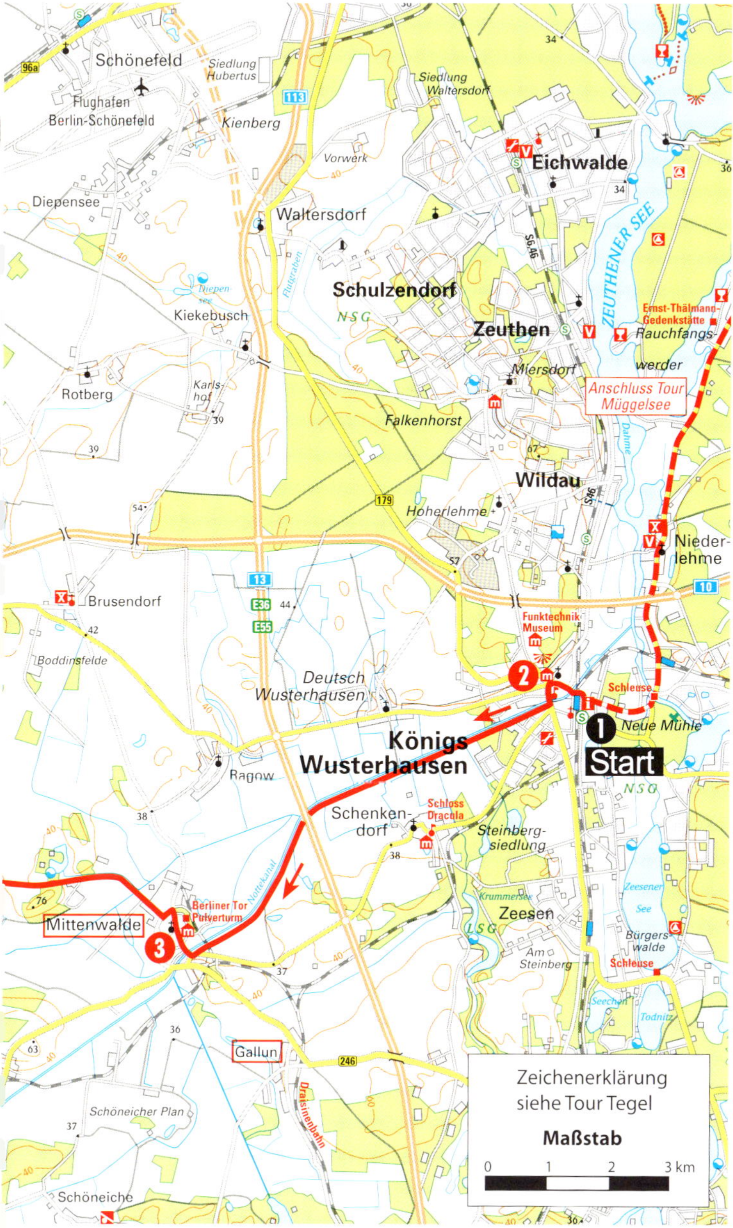
Schönefeld
Flughafen Berlin-Schönefeld
Siedlung Hubertus
Kienberg
Siedlung Waltersdorf
Vorwerk
Eichwalde
Diepensee
Waltersdorf
Schulzendorf
Zeuthen
Zeuthener See
Ernst-Thälmann-Gedenkstätte
Rauchfangswerder
Miersdorf
Kiekebusch
Rotberg
Karlshof
Falkenhorst
Anschluss Tour Müggelsee
Wildau
Hoherlehme
Niederlehme
Brusendorf
Boddinsfelde
Funktechnik Museum
Deutsch Wusterhausen
Schleuse
Neue Mühle
Start
Königs Wusterhausen
Ragow
Schenkendorf
Schloss Dracula
Steinbergsiedlung
Mittenwalde
Berliner Tor
Pulverturm
Zeesen
Zeesener See
Bürgerswalde
Am Steinberg
Gallun
Schöneicher Plan
Schöneiche
Zeichenerklärung siehe Tour Tegel
Maßstab
0 1 2 3 km

Die Tour auf einen Blick

Nr.	km	Beschreibung
❶		**Bf. Königs Wusterhausen**, *Maxim Gorki Str.* re, *Puschkinstr.* li,
❷	0,5	**Schloss Königs Wusterhausen**, *Schloßstr.* li, *Am Nottekanal* re
❸	7,9	am Südufer des Notte-Kanals entlang bis nach **Mittenwalde**, dort re in die Yorckstraße zur **Mauritius-Kirche**, weiter durchs Berliner Tor Ri Rangsdorf auf der Chaussee
❹	11,5	**Abzweig von der Landstraße**, hier links ab in die Senke des Zülowgrabens und bald re auf das schon sichtbare Großmachnow zu, hier links zum
❺	14,7	**Gutshof Großmachnow**, südlich der Gutsmauer re auf die Pramsdorfer Straße, jetzt immer geradaus über die Bahn zur
❻	16,9	ehemaligen **Reichssportfliegerschule**, im Bogen um diese und auf dem Uferweg am Rangsdorfer See zur Seepromenade bis zum
❼	20	**Rangsdorf**, **Seebad-Casino**, weiter am Ufer nach Norden unter der BAB 10 hindurch und östlich des Glaoswbachs weiter gerade zur *Waldstraße*, und zur *Wiesenstr.*,
❽		**Taut-Haus**, *Lindenstr.* re, *Birkenstr.* li
❾	26,8	**S-Bf. Blankenfelde**
❿	43	**S-Bf. Lichtenrade** (Zielvariante)

Die als ›Kahweh‹ bekannte ehemalige Kreisstadt hat eine interessante Geschichte. Bereits in askanischer Zeit gab es hier ein Dorf namens Wustrow und eine markgräfliche Burg, die den Notte-Übergang sicherte. Sie wurde 1320 erstmals erwähnt. Als sich hier Deutsche ansiedelten, gab es zur Unterscheidung ein Wendisch- und ein Deutsch-Wustrow. Aus dem wendischen ›Wustrow‹ wurde ein germanisches ›Wusterhausen‹, und das ›Königs‹ gab es Anfang des 18. Jh. dazu, als Burg und Herrschaft an Friedrich Wilhelm I., den Soldatenkönig, fielen.

Vom S-Bahnhof **Königs Wusterhausen** ❶ aus fahren wir gleich nach rechts durch die *Maxim Gorki Str.* und kommen an eine T-Kreuzung. Hier steht rechter Hand auf dem Bahngelände ein schöner alter **Wasserturm**. Wir wenden uns nach links in die *Puschkinstr.*

Wir überqueren den *Notte-Kanal* und kommen zum **Jagdschloss** ❷. 0,5 km

Schloss Königs Wusterhausen

Wie **Paretz** 100 Jahre später (siehe **Tour Unterhavel**) ist **Schloss Königs Wusterhausen** ein ›Rückzugsschloss‹ von Stadt, Trubel und Verschwendungssucht des Vaters. Friedrich Wilhelm I. baute das Renaissanceschloss zum Jagdschloss um und verlebte hier wenigstens zwei Monate des Jahres, in denen Jagden und Feste veranstaltet wurden. Die erjagten Tiere wurden an einer 30 Mann fassenden Tafel im Freien verputzt. Hier fand auch regelmäßig ein ›Wettrauchen‹ statt, das berühmte **Tabakkollegium**.

Geradezu köstlich ist die Einleitung über das Schlösschen, die Fontane dem Kapitel ›Königs Wusterhausen‹ voranstellt. »Dieses so genannte Palais ... war ein ehemaliger Diebswinkel ... von schwarzem und fauligem Wasser umgeben ... bei starkem Regen saßen wir bis zu den Waden im Wasser ... in Wusterhausen hatte ich die Hölle

zu erdulden.« Dies die drastischen Worte, die er Markgräfin Wilhelmine in den Mund legt. Das bis zum Jahr 2000 noch düstere Gebäude fand er ziemlich hässlich, vermutlich war es ihm zu kantig, immerhin baute man zu seinen Zeiten die berühmten mit Zierrat übergossenen Gründerzeithäuser in Berlin. Von August bis November saß der König hier abends rauchend und trinkend und witzelnd, gern foppte er die Königin und den verzärtelten Kronprinzen Friedrich, indem er gefangene Bären und Adler neben dem Eingang anketten ließ. Dieses Haus war Schauplatz eines der schärfsten Generationskonflikte, bis Kattes Blut durch den Befehl des Vaters vor den Augen des Sohnes floss. Später, als er sah, dass ihn der geistig überlegene Sohn vor dem Tabakskollegium lächerlich machte, zog er sich ins Atelier zurück und malte so naiv und ungelenk, wie er sprach und lebte.

Das im 2. Weltkrieg beschädigte Schloss wurde zu DDR-Zeiten wieder aufgebaut und als Sitz der Kreisverwaltung genutzt. Die Gemäldesammlung, darunter 30 Ölbilder aus des Königs Hand, ist zehn Jahre nach der Wende wieder aus Potsdam zurückgebracht worden (Tel. 0 33 75 / 21 17 00, Di-So 10-16 Uhr).

Den Funkerberg (Abstecher) erreichen Sie über die Berliner Straße nach 700 m.

1915 errichtete das preußische Kriegsministerium eine Heeresfunkstation auf dem Mühlenberg (seitdem ›Funkerberg‹), die 1919 Hauptfunkstelle der Deutschen Post wurde. Am 22. Dezember 1920 wurde von hier die erste Rundfunksendung Deutschlands, ein Weihnachtskonzert, live übertragen. Daran erinnert auf dem **Funkerberg** ein kleines Museum (Tel. 0 33 75 / 29 47 55, Di, Do, Fr 10 bis 16, Sa, So 10 bis 17 Uhr).

Wir fahren an der Kreuzung hinter dem **Schloss** nach links in die *Schloßstraße*, aber nur bis zur Brücke über den *Notte-Kanal*. Hinter der **Brücke** geht es rechts ab und auf einem festen Erdweg unter Bäumen immer am Südufer des Notte-Kanals entlang bis nach **Mittenwalde**. Wir kommen unter der Autobahn Berlin-Dresden hindurch. Die Strecke ist als TF5 ausgeschildert.

Am Nottekanal

Mittenwalde, 1245 erstmals erwähnt, entstand aus einer Burg am Notte-Übergang. Die mittelalterliche Stadtstruktur und Teile der Stadtbefestigung sind erhalten. Abseits der großen Straßen hält der Ort eine Art Dornröschenschlaf. Es lohnt, gerade weil der Durchgangsverkehr fehlt, einen Spaziergang durch die Stadt zu unternehmen. Man hat mit der Sanierung der alten Häuser begonnen.

Einer der berühmten Einwohner Mittenwaldes war Paul Gerhardt. Der Schöpfer so bekannter Kirchenlieder wie ›Befiehl Du Deine Wege...‹ war von 1651 bis 1657 Propst an der **Mauritius-Kirche** ❸, deren mächtigen Turm wir schon von weitem sehen können. In der Kirche befinden sich ein Bildnis des Heiligen, Handschriften und viele andere Erinnerungsstücke. Die gotische Hallenkirche, weniger vornehm St. Moritz genannt, geht auf das 13. Jh. zurück. Sie wurde mehrmals in ihrer Geschichte durch Brände beschädigt und dann wieder etwas größer aufgebaut. Der Turm ist jetzt 67 m hoch. Man kann sehr gut die alten Feldsteine, die handgeformten gebrannten Backsteine und die industriell gleichförmig

7,9 km

hergestellten Steine aus neuerer Zeit unterscheiden. Besonders überrascht ein spätgotischer Altar, der mit Witz und Sensibilität geschnitzt wurde. Ob solche Frisuren je wieder in Mode kommen?

Vom Salzmarkt aus wenden wir uns auf der Hauptstraße erst nach links zum **Stadttor mit dem Pulverturm**.

Hier sieht man, dass der Verkehr früher weniger Raum benötigte: Jetzt teilt sich die Straße, nur eine Fahrbahn führt durch das Tor, die andere darum herum. Auf der anderen Seite befindet sich die Umgehungsstraße.

Wir verlassen **Mittenwalde** an seinem nördlichen Ende, fahren durch das mächtige **Stadttor** und wenden uns auf der Umgehungsstraße gleich wieder nach links. Bei der nächsten Straße biegen wir rechts ab nach **Großmachnow**. Die asphaltierte Straße führt uns durch den **Vogelsang**, über den **Zülowkanal** und vorbei an Wiesen und Feldern. Der TF5 führt alternativ über einen parallel verlaufenden schlechten Feldweg.

Noch vor (!) **Großmachnow** nutzen wir nach links den **Ab-**
11,5 km **zweig von der Landstraße** ❹ und bei der nächsten Gelegenheit rechts ab. Am Ende dieser Straße stoßen wir auf die B 96 und die Ausschilderung TF5.

Großmachnow wurde 1375 erstmals erwähnt und war damals mit 80 Hufen das größte Dorf auf dem Teltow. 1725 kaufte König Friedrich Wilhelm I. den Ort und ging in der Feldmark auf Rebhuhnjagd.

Im Ort steht eine original erhaltene **Feldsteinkirche** aus dem 13. Jh. Im Gegensatz zu anderen Dorfkirchen aus dieser Zeit hat sie keinen nachträglich aufgesetzten Turm aus Holz oder Backstein. Im Inneren überrascht das pompöse Wandgrab für den Türkenbesieger Otto v. Schlabrendorff mit den Darstellungen toter Türken im Sockel.

Daneben das Dorfgasthaus ›Zum grünen Baum‹ und schräg
14,7 km gegenüber der **klassizistische Gutshof** ❺ von 1815. Besonders der Uhrturm ist einen Blick wert.

In **Großmachnow** fahren wir kurz nach links (nach Süden) auf der Hauptstraße. Wenn die Mauer des Gutshofs endet, biegen wir nach re und radeln wieder ruhiger auf glattem Asphalt

Stadttor in Mittenwalde

die *Pramsdorfer Straße* nach Westen bis zu einem kleinen **Badesee** vor der Bahn. Die Straße nach Norden führt uns ruhig zum **Bahnhof Rangsdorf**.

Schöner ist es, unterhalb des langsam verfallenden Flughafengebäudes der ehemaligen **Reichssportfliegerschule** ❻ auf einem der Pfade an das Ostufer des **Blankenfelder Sees** zu radeln. Vom damaligen Rangsdorfer Flugplatz flog Graf Stauffenberg mit seiner Bombe zur Wolfsschanze, um Hitler zu töten.

16,9 km

Rangsdorf entwickelte sich in den 30 er Jahren vom kleinen Dorf zu einem beliebten Ausflugsziel der Berliner. Bei schönem Wetter war hier immer was los. Neben dem vorübergehend stillgelegten Schwimmbad befinden sich ein Bootsverleih und ein Campingplatz. Seit Sommer 1992 wurden bisher vergebliche Versuche unternommen, die sehr schlechte Qualität des Wassers zu verbessern, um die Bademöglichkeit wieder herzustellen. Rund um den See gibt es Wanderwege, am Westufer allerdings mit großem Abstand zum See, da er selbst teilweise und das westliche Ufer Naturschutzgebiet sind (s. Tour Teltowkanal). Wirklich schön ist es auf der Terrasse des ehem. Casinos, wenn die Sonne im See versinkt.

20 km Wir fahren am **Seebad-Casino** ❼ (Einkehrmöglichkeit direkt am Ufer) weiter auf den Waldweg, kreuzen die Zufahrt zum Campingplatz und kommen schließlich immer in der Nähe des Ufers zur Nordspitze des Rangsdorfer Sees. Fans von Modellbauten müssen allerdings ein Stück in die *Seebadallee* landeinwärts radeln, denn da stehen allerlei Miniatur-Nachbauten berühmter Potsdamer Gebäude, die ein von den Nazis abgesäbelter Ortsvorsteher in den 30 er Jahren zum Zeitvertreib schuf.

Rangsdorf verlassen wir, indem wir weiter auf dem schönen autofreien Wanderweg am östlichen Seeufer nach Norden fahren.

Wer nicht mehr über Diedersdorf nach Berlin radeln möchte, fährt östlich des **Glasowbaches** durch die Autobahnunterführung.

Naturfreunde machen dabei hinter der Autobahnunterführung einen kleinen Abstecher links an den Rand des **NSG ehemaliger Blankenfelder See**, heute ein Erlenbruch mit den typischen Sumpf liebenden Tieren und Pflanzen. Der kurzfristig sandige, aber klar markierte Wanderweg stößt bald auf die *Waldstraße* in **Dahlewitz**. Die *Bahnhofstraße* überqueren wir direkt (wenn Sie bis **Lichtenrade** weiterradeln wollen, biegen Sie hier links in die *Bahnhofstraße* ein, s.u.) und landen in der *Wiesenstraße*.

Die Namen versprechen nichts Falsches, aber sie verraten noch nicht alles. Mitten auf der Wiese steht ein reichlich ungewöhnliches Haus mit einem viertelkreisförmigen Grundriss. Sein Erbauer errang mit ungewöhnlichen Formen und Grundrissen Weltruhm, beispielsweise mit der Hufeisensiedlung in Britz.

Wir stehen vor **Bruno Tauts Wohnhaus** ❽ von 1929. Taut erklärt 1927, dieses Haus sei die Abkehr vom alten banalen Schachtelsystem. Mit der strengen schwarz-weißen Farbgebung außen kontrastierte eine knallbunte im Innern, z. B. blauer Fußboden und gelbe Heizung vor roter Wand. Bewohnt hat Taut das Haus nur bis 1931.

Rechts durch die *Lindenstraße* und links durch die *Birkenstraße*, die eigentlich nur mehr ein Pfad ist, gelangen wir an die **Bahnlinie**. Eine idyllisch zwischen die Bäume gelegte Radspur führt uns, fernab aller Hektik, zum **S-Bahnhof Blankenfelde** ❾. 26,8 km
Die S 2 fährt alle 20 Minuten in die Stadt, die Fahrtzeit bis Friedrichstraße beträgt nur 34 Minuten.

Zielvariante Lichtenrade

In **Dahlewitz** fahren Sie längs der mit Radwegen ausgestatteten *Bahnhofstraße* nach links, diese wird zum *Zossener Damm*, an der **Dorfkirche** biegen Sie links in die *Dorfstraße* und gleich wieder rechts in die *Triftstraße* ab. Diese wird zum *Plattenweg*, der in der Niederung vor **Diedersdorf** auf die **Tour Teltowkanal** stößt. Auf der ADFC-Regionalkarte ist die Strecke als Tour 17 eingetragen. Über **Kleinbeeren** an **Birkholz** vorbei. Über *Wolziger Zeile* und *Hilbertstraße* steuern wir den **Bahnhof Lichtenrade** ❿ an und erreichen Berlin. 43 km

Tour Teltowkanal: Längs Teltowkanal und Nuthe der Sonne entgegen

Steglitz – Großbeeren – Diedersdorf – Genshagen – Löwenbruch – Dabendorf – Zossen

Diese Tour führt uns an Äckern und Wiesen vorbei aus der Stadt aufs offene Land und bietet viel Licht und wenig Schatten. Es lohnt sich, ein Fernglas mitzunehmen, da in der Nutheniederung Vögel und Wild gut zu beobachten sind. Die oft etwas umständliche Routenbeschreibung lässt sich wegen der vielen unbeschilderten Schleichwege leider nicht vermeiden. Gepolsterte Hosen und Handschuhe oder weiche Reifen lassen Sie die Stöße zwischen den Betonplatten im Luch fast vergessen. Einsame norddeutsche Weite erwartet Sie!

Start:	*S-Bf. Steglitz (S 1, 10-Minuten-Takt)*
Ziel:	*Bhf. Zossen (nicht mehr im Tarifbereich Berlin ABC) oder Bf. Rangsdorf (beide RE 3, RE 7).*
Streckenlänge:	*52 km (bzw. 49 km)*
Steigungen:	*Keine*
Streckenprofil:	*Betonplattenwege, Sand- und Splittwege*
Sehenswürdigkeiten:	*Steglitz: Lilienthal-Denkmal, Treidellok; Großbeeren: Siegerdenkmal 1813, Schinkelkirche, Naturschutzgebiete; Zossen: Bastei einer Burganlage*
Verknüpfungen:	*Tour Nottekanal und Tour Schwielowsee*
Wegweisung:	*In Berlin: fast vollständig Veloroute H (Radialroute nach Teltow)* *In Brandenburg: teilweise Radwanderweg TF 5; Auf der ADFC-Regionalkarte Berlin bis Löwendorf als Tour 17 dargestellt*

Am Teltowkanal

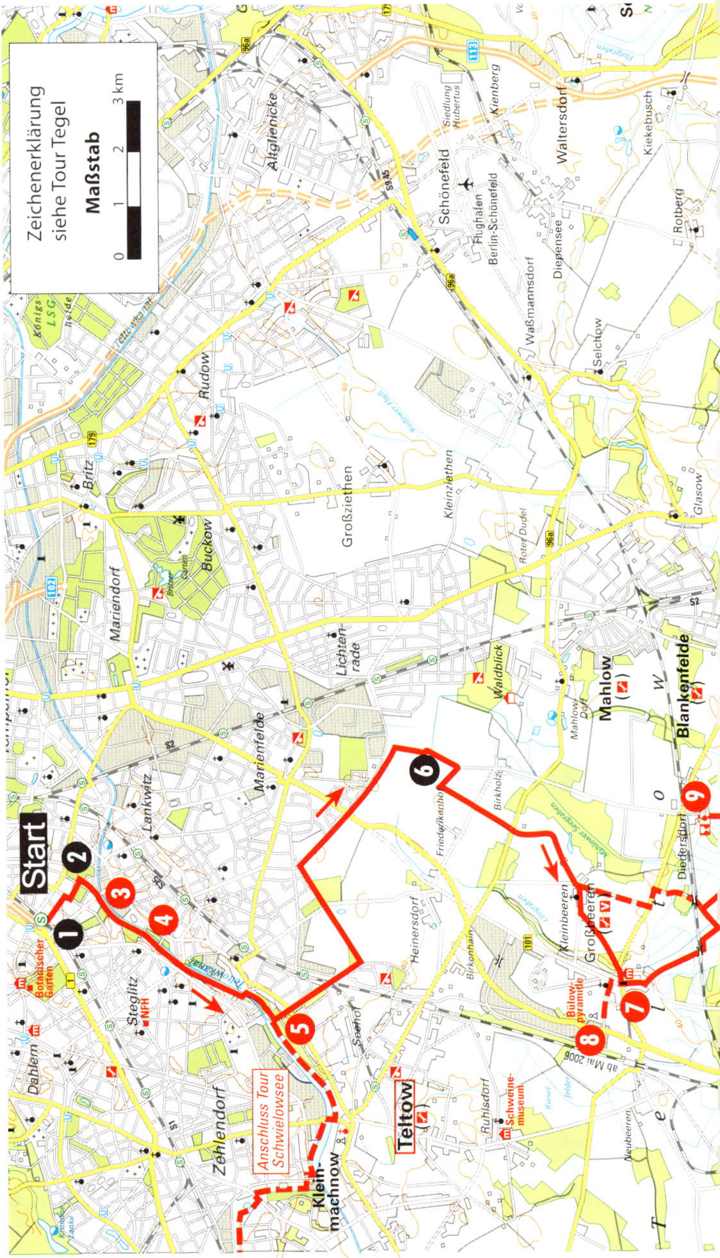
Zeichenerklärung
siehe Tour Tegel
Maßstab
0
1
2
3 km
Start
1
2
3
4
5
6
7
8
9
Anschluss Tour Schwielowsee
Botanischer Garten
Dahlem
Steglitz
NFH
Zehlendorf
Klein-machnow
Teltow
Seehof
Lankwitz
Mariendorf
Marienfelde
Lichten-rade
Britz
Buckow
Rudow
Großziethen
Kleinziethen
Altglienicke
Schönefeld
Flughafen Berlin-Schönefeld
Waßmannsdorf
Diepensee
Selchow
Waltersdorf
Kiekebusch
Rotberg
Glasow
Roter Dudel
Waldblick
Mahlow
Mahlow-Dorf
Blankenfelde
Diedersdorf
Birkholz
Friederikenhof
Heinersdorf
Birkenhain
Kleinbeeren
Großbeeren
Bülow-pyramide
Ruhlsdorf
Schweine-museum
Neubeeren
Teltowkanal
Mahlower Seegraben
Siedlung Hubertus
Kienberg
ab Mai 2006
Teltow

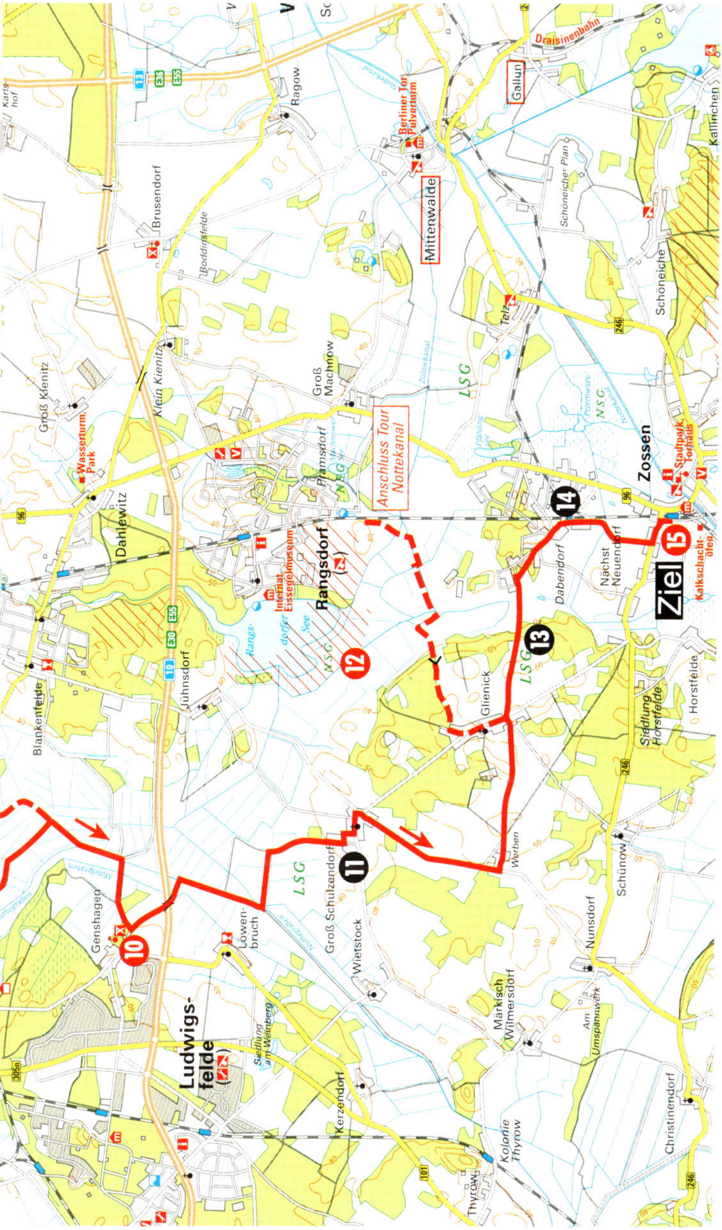
Karlshof
Ragow
Brusendorf
Boddinsfelde
Berliner Tor
Pulverturm
Mittenwalde
Gallun
Draisinenbahn
Nottekanal
Schöneicher Plan
Kallinchen
Schöneiche
Telz
Zülowkanal
LSG
NSG
Groß Kienitz
Klein Kienitz
Wasserturm, Park
Dahlewitz
Groß Machnow
Pramsdorf
Anschluss Tour Nottekanal
Rangsdorf
Internat. Eisseglermuseum
Rangsdorfer See
Zossen
Stadtpark, Torhaus
Dabendorf
Nächst Neuendorf
Ziel
Kalkschachtöfen
Blankenfelde
Jühnsdorf
Glienick
Siedlung Horstfelde
Horstfelde
Werben
Schünow
Genshagen
Löwenbruch
Groß Schulzendorf
Wietstock
Nunsdorf
Märkisch Wilmersdorf
Am Umspannwerk
Ludwigsfelde
Siedlung am Weinberg
Kerzendorf
Kolonie Thyrow
Thyrow
Christinendorf
10
11
12
13
14
15

Die Tour auf einen Blick

Nr.	km	Beschreibung
1		**S- und U-Bhf. Rathaus Steglitz**, Ausgang *Mittelstr.*, über die Schützenstraße weiter als Schleichweg, dann wieder als (Mittel)Straße an der *Klingsorstraße* Re-Li-Versatz in die *Beymestr.*,
2	1,3	**Stadtpark Steglitz** weiter mit *Weverpromenade* über die lebhafte *Birkbuschstraße* und jetzt herrlich autofrei am
3	1,9	**Teltowkanal** (*Paul-Schwarz-Promenade*)
4	3,5	zum **Lilienthaldenkmal** auf das andere Ufer, hinter der **Treidellok** zurück auf das Westufer, mit der Wismarerstraße auf das Ostufer und hier immer am Ufer auf Wanderweg mit einigen unübersichtlichen Kurven zum
5	6,8	**Mauerweg** li
6	13,7	*Berlin-Brandenburg-Allee* re, bei der Querung der Landstraße mit Feldweg weiter nach **Kleinbeeren**: *Lichtenrader Allee*, *Dorfstr.*, *Nußallee* li
7	20,8	**Siegerdenkmal**, *Dorfaue* li, *Genshagener Str.*, *Echtermeyerstr.* li
8	21,6	**Bülowpyramide** (Abstecher 800 m, *Dorfaue* re, *Ruhlsdorfer Str.* li und retour)
9	28	**Gut Diedersdorf** (Abstecher 1 km) Plattenweg an der Nuthe, vor **BAB** re nach
10	32	**Herrenhaus Genshagen**, hier li mit Brücke über **BAB 10**, weiter an Plattenweg an der Nuthe.
11	39,2	**Groß Schulzendorf**, *Am Hain*, *Amselweg*, *Trebbiner Straße*
12		**Schongebiete am Rangsdorfer See** (Weg westl. des NSG) mit Li-Re-Versatz auf *Glienicker Chaussee* und re zur
13	47,4	**Alten Bahnbrücke**
14	49,5	**Bahnhof Dabendorf** und weiter über *Zossener Straße* und *Nächst Neuendorfer Chaussee* zum
15	52	**Bahnhof Zossen (Bastion Zossen)**

Mauerweg am Teltowkanal

Auf dem ehemaligen Grenzweg kann man, seit 2005 ausgeschildert, das ehemalige Berlin (West) umrunden. Oft ist es schwierig, überhaupt an die alte Grenze zu kommen. Nicht so in Steglitz: Hier führt eine schöne, autofreie Verbindung, die für Radler als Veloroute H ausgeschildert ist, am Teltowkanal entlang neuerdings bis an den Mauerradweg heran.

Vom **S-Bahnhof Rathaus Steglitz ❶** (Ausgang zur *Mittelstraße* mit Fahrstuhl): Fahren Sie durch die für Autos teilweise unterbrochene *Mittelstraße*, bis zur *Klingsorstraße*. Diese überqueren Sie und fahren in die ruhige *Beymestraße*, vorbei an einer verwunschenen Kriegsruine, zum Stadtpark.

In der *Mittelstraße* 32 steht seit 1976 die Himmelfahrtskirche, der erste griechisch-orthodoxe Kirchenneubau Deutschlands nach dem Krieg. Das nahe Wrangelschlösschen könnte auch nach Kabinettsrat v. Beyme benannt sein, denn dieser ließ es für sich erbauen. Falls es Ihnen nicht als Wrangelschlösschen geläufig ist, so kennen Sie doch sicher seinen Wirtschaftsanbau: das Schlossparktheater.

1,3 km Der **Stadtpark Steglitz** ❷ kann angenehm auf breiten Wegen durchradelt werden. An dem kleinen Teich hält oft ein Graureiher Ausschau auf Beute, ein Vorgeschmack auf die reiche Vogelwelt heute. Die Straße *Am Eichgarten* wird überquert, dann folgen wir der *Weverpromenade* bis *Birkbuschstraße*. Wir fahren immer autofrei geradeaus weiter auf der *Paul-Schwarz-Promenade*, immer am westlichen Ufer des **Teltowkanals** entlang, ab 2006 Radroute RR 12.

1,9 km Der **Teltowkanal** ❸ wurde in den Jahren 1901 bis 1906 vom Kreis Teltow mit 40 Mio. Mark aus eigenen Mitteln erbaut. 1945 bis 1981 war er gesperrt. Für die letzten 8 Jahre der DDR wurde ein aufwendiger Ausbau mit Grenzsicherung von Westseite bezahlt, um das Kraftwerk Lichterfelde mit Öl zu versorgen. An der Teltow-Werft lag eine Stahltrosse, mit deren Hilfe die Durchfahrt unerwünschter Schiffe verhindert werden konnte.

Rechter Hand ist nach dem Bäketeich das gigantische Klinikum Steglitz zu sehen. Danach überqueren wir die ruhige *Bäkestraße*.

3,5 km Wer das **Lilienthaldenkmal** ❹ am östlichen Ufer besichtigen will, sollte hier zum anderen Kanalufer wechseln und bei der nächsten Brücke nach der **Museums-Treidellok** wieder zum durchgängig befahrbaren Ufer zurückkehren.

Die Engelsfigur aus Bronze stammt von Peter Breuer aus dem Jahre 1914. Seit seinem 14. Lebensjahr bastelte Otto Lilienthal Flugmaschinen aus Bambusrohr, Weidenruten und Baumwollgewebe. Vor 100 Jahren übertrug der Erfinder seine Erfahrungen vom Lichterfelder Ziegeleihügel auf einen Berg bei Derwitz. Im August 1891 gelangen ihm dort, erst im Alter von 43 Jahren, die ersten ›Weitsprünge‹ über mehrere hundert Meter. Dies gilt in der Wissenschaft als der Beginn des nachweisbaren Menschenflugs.

Die *Königsberger Straße* lässt sich wieder unterfahren. Weiter geht die Fahrt am Kanal entlang bis zum ehemaligen **Wasser-Zollamt** an der *Wismarer Straße*. Achtung: Hier überqueren wir die Brücke und folgen auf der östlichen Seite dem Uferweg.

Erst kurz vor der ehemaligen Grenze verlassen wir den Kanal etwas, der uns so bequem an den Stadtrand geführt hat, und

Dorfidylle

steuern mit zwei Schlenkern durch die Kolonie **Erbkaveln** und vorbei an einem großen Spielplatz den Mauerweg an.

Dem betonierten *Kolonnenweg*, so genannt nach den ehe-
6,8 km maligen Grenzkolonnen, oder einfach **Mauerweg** ❺ folgen wir links. Geradeaus sieht es zwar sehr schön aus, aber in dieser Richtung endet die Route nach 2 km in **Teltow**. Weiter nach Wannsee, Griebnitzsee führt der Mauerweg auf Straßen und Waldwegen.

Anschluss zu Tour Schwielowsee

Wer die **Tour Schwielowsee** anschließen möchte, fährt hier geradeaus. Ab 2005 ist der Mauerradweg auch Richtung Wannsee ausgeschildert und einfach zu finden. Der Verlauf: Mauerweg links des Teltowkanals bis **Knesebeckbrücke** – ans rechte Ufer wechseln bis zum **Buschgraben** – rechts des Grabens auf den Grenzweg – über den *Zehlendorfer Damm* – jetzt auf Sand weiter auf dem Mauerstreifen bis *Neuruppiner Str.*, diese links bis zur alten **Stammbahn** – wieder auf Sand bis zur BAB 115, rechts auf den *Königsweg*, mit diesem in **Dreilinden** über die Autobahn, am *Stahnsdorfer Damm* (gesperrte Waldstraße) rechts zum **Bhf. Wannsee**.

Weiter auf der Hauptroute

Nach wenigen Metern überqueren wir den *Ostpreußendamm*, und dann geht es autofrei weiter bis zur **Anhalter Bahn**, die wir unterqueren.

Dass Sie den alten Grenzweg noch durchgängig beradeln können, haben Sie dem Einlenken der Bahn aufgrund der Aktivitäten des ADFC und der Grünen zu verdanken.

Sie folgen also dem Mauerweg erst links, dann rechts im Zickzack und überqueren die *Osdorfer Straße* und bald darauf die B 101. Wenn links bunte Schornsteine vom *Schichauweg* leuchten, macht der Mauerweg einen scharfen Knick nach Süden. Von der nächsten Linkskurve führt geradeaus eine von der Bürgerinitiative Teltower Platte gestiftete **Berlin-Brandenburg-**
13,7 km **Allee** ❻ ab. Sie trägt diesen Namen, um den Wunsch nach Vereinigung der beiden Bundesländer auszudrücken. Wir folgen

Gedenktafel an der Bülowpyramide

aber weiter dem Mauerweg, stoßen auf einen betonierten Feldweg und machen einen Rechts-Links-Versatz. Ein typischer Betonplattenweg führt zwischen **Friederikenhof** und **Birkholz** nach Süden, kreuzt die Landstraße und mündet als Sträßchen in **Kleinbeeren** (Sie finden die Strecke als Tour 17 auf der ADFC-Regionalkarte).

Großbeeren lohnt einen Umweg, denn wo stehen schon 100-fach vergrößerte Kanonenrohre mitten auf der Straße? Und wo fanden Bülow und Tauentzien ihren Ruhm? In **Großbeeren**!

Dazu fahren Sie auf der *Dorfstraße* durch Kleinbeeren und am westlichen Ortsende schräg links in die *Nußallee*. Diese Allee führt direkt auf den **Großbeerener Gedenkturm** **7** zu, das ein wenig zu groß geratene Siegerdenkmal, das **Großbeeren** weithin sichtbar überragt. 20,8 km

Kurz vor Ausbruch des Ersten Weltkriegs, als die nationale Stimmung so richtig kochte, wurde es auf die Hauptkreuzung von **Großbeeren** gepfropft. Jedes Jahr am Wochenende nach dem 23. August (natürlich erst wieder seit der Wende) wird um das Denkmal Krieg gespielt und der Sieg über Napoleon und die Sachsen im Jahre 1813 gefeiert (geöffnet Sa, So 10 bis 12, 13 bis 16.30 Uhr). 4.000 Menschen ließen damals ihr Leben. Im Nationalsozialismus forderte ein Arbeitslager über 1.000 Opfer.

Sonnenblumen in der flachen Nutheniederung

An der *Ruhlsdorfer Straße* zwischen der Kirche und der **Bülow-**
21,6 km **pyramide** ❽ befindet sich eine Gedenkstätte für das Arbeitslager (Abstecher 800 m. re *Dorfaue*, li *Ruhlsdorfer Str*). Die Kirche und das gusseiserne Denkmal wurden von Schinkel entworfen. Die 6 m hohe Pyramide trägt die makabre Aufschrift »Unsere Knochen sollen vor Berlin bleichen nicht rückwärts!«.

Kirche und Denkmäler liegen nördlich des großen Großbeerener **Turms**, wir fahren weiter nach Süden, auf dem Radweg der B 101, bis links in die ruhige *Echtermeyerstraße* einbiegen. Hinter dem Verbotsschild für Autos beginnt jetzt ein Betonspurplattenweg. Schon nach kurzer Strecke unterqueren wir auf verkehrsfreien Betonwegen den äußeren Berliner Eisenbahnring. Jetzt befinden wir uns in der wild- und vogelreichen **Nutheniederung**.

Auf vielen Karten sind in der **Nutheniederung** viele blaue Striche zu erkennen; es handelt sich um Wassergräben, die der Entwässerung der flachen Gegend dienen. Noch nach 1945 waren die meisten Wiesen verschilft. Mit viel Elektrizität und tieferen Gräben machte die DDR das Land nutzbar. Damit setzte sie im großen Umfang die Versuche zum Gemüseanbau in den Moorversuchsfeldern fort, die das Dahlemer Institut ab 1925 hier durchgeführt hatte. Da die schweren Landmaschinen auf dem morastigen Boden versackt wären, sind die Wege fast vollständig mit Betonplatten befestigt.

Kurz nach der **Bahnunterquerung** führt der Weg über den Nuthegraben nach Norden. Wer weiterradeln möchte, hält sich an den nächsten drei Betonwegen rechts. Man biegt erst hinter dem **Nuthegraben** nach rechts und sieht schräg links vor
28 km sich die Kirche und das **Gut von Diedersdorf** ❾ (Abstecher 1 km). Das Gut war eine Ruine, aber seit Sommer 1991 beherbergt es den größten Biergarten Brandenburgs. An der zweiten Abbiegung stoßen wir auf den gleichartigen Betonweg, in den wir wiederum rechts einbiegen, der vom Gut Richtung Süden und alsbald wieder parallel zum Nuthegraben läuft. Dann treffen wir auf einen mit Betonplatten ausgelegten Wendeplatz der LPG. Links stehen zwei kleine elektrische Schöpfwerke, dahinter liegt das Becken, aus dem sie in den Hauptgraben pumpen. Aus dieser Richtung stößt die **Tour Nottekanal** zu uns.

Bülowpyramide

Wer Schleichwege mag, folgt dem Wegweiser TF 5 über die Brücke nach rechts. Zwischen den Pappelreihen am Nuthegraben kann man jetzt noch einmal sehr gut den Kirchturm von Diedersdorf sehen. Dann geht es an einem Waldrand vorbei auf **Genshagen** zu. Und am Park kurz geradeaus in den Ort hinein bis zum Schloss rechterhand.

Weiß erstrahlt das ehemalige **Herrenhaus** ⑩ über den Resten des alten Schlossparks. Das 99 Zimmer fassende neobarocke Gebäude von 1910 ist erhalten und dient jetzt als Fortbildungszentrum. 32 km

Den Verkehr auf der B 101 vermeiden wir, wenn wir wieder ein kleines Stück auf der *Dorfstr.* zurückfahren und rechts am **Reiterhof** vorbei auf die schon sichtbare Autobahnbrücke zuradeln und mit ihr die Autobahn überqueren. Auf der anderen Seite entdecken wir schon wieder den Nuthegraben mit den hellen Betonspuren daneben und rollen die linke Rampe abwärts.

Das Fahren auf den Platten ist mit schmalen Reifen nicht sehr angenehm, die Anschlüsse sind teilweise doch recht rau. Westlich schauend sehen wir das 1 km entfernte, romantische Dorf **Löwenbruch** mit dem guten Wirtshaus ›Zum Löwen‹ mit Biergarten (Di, Mi geschlossen, Tel. 0 33 78 / 80 14 95).

Wir folgen dem Plattenweg, bis wir wieder an ein Schöpfwerk kommen. Diesmal ist es nur ein Häuschen. Dort biegen wir links auf den sich anschließenden Weg Richtung **Groß** 39,2 km
Schulzendorf ⑪ ein. Nach einem weiteren Abzweig, dem wir

nach rechts folgen, erreichen wir die letzten Meter über Pflaster den Ort, der uns mit duftenden Ställen begrüßt. Bei den Neubauten halten wir uns links *Am Hain* und rechts in den *Amselweg*. Am Dorfanger erwartet uns der Landgasthof Alter Dorfkrug. Da die folgenden Wanderwege recht zerritten sind, bleiben wir jetzt an Straßen: Rechts ab in die *Trebbiner Straße* und weiter fahren wir 3 km auf ruhiger und glatter Allee nach Werben, dort geht es links ab nach Glienick. Linkerhand erwartet uns ein asphaltierter Radweg. Weithin sichtbar ist der dicke Turm auf dem Kumberg hinter Glienick. Im Ort linkerhand liegt das alte Wirtshaus Waage. Der Radweg führt weiter linkerhand der Dabendorfer Straße auf dieses nächste Ziel zu. Die Räder rollen wie von alleine, da es wieder abwärts geht.

Zielvariante Rangsdorf

Da Zossen nicht mehr zum Berliner ABC Tarif gehört, hier für Sie der Anschluss an Tour Nottekanal und den Bahnhof Rangsdorf: Vom Wirtshaus Waage in Glienick links über die Dorfaue bis zum Werderschen Weg, diesen rechts bis kurz vor den dicken Turm, dann links auf Asphalt runter in die Senke des Rangsdorfer Sees. Am Fuß des Berges geradeaus auf ausgefahrener Schlacke und alten Betonplatten durchs Luch. An der T-Kreuzung links auf Betonplatten weiter. Mit dem Erreichen der Dresdner Bahn am Badesee Pramsdorf haben wir die Tour Nottekanal erreicht und lesen weiter auf S. 80 den Weg zum Bahnhof Rangsdorf oder Berlin.

An den Masten sind gelbe Schildchen mit einer großen Eule befestigt: ein Zeichen für die ca. 700 ha großen **Schongebiete** ⓬. Die Wege nach links enden alle im Sumpf und Schilf, und das Wasser des Rangsdorfer Sees ist recht belastet. Hier abzubiegen ist also nicht sinnvoll. Kraniche und Drosselrohrsänger haben sowieso eine große Fluchtdistanz und lassen sich ohne Fernglas nicht beobachten.

Weiter auf der Hauptroute

Mächtige Widerlager an einer Brücke säumen die Straße zwischen Glienick und Dabendorf. Es handelt sich um den Damm einer in den 30er jahren angefangenen aber nie fertiggestellten Bahnstrecke.

Von der **Bahnbrücke** ⓭ fahren Sie 2 km auf der Landstraße 47,4 km
bis nach **Dabendorf**. Vom dortigen **Bahnhof** ⓮ verkehren 49,5 km
Züge über Blankenfelde nach **Schönefeld**. Für die Weiterfahrt mit dem Rad nach **Zossen** können Sie die asphaltierte ruhige *Zossener Straße* westlich der Bahn wählen. Diese stößt auf die *Nächst Neuendorfer Chaussee*, der wir links bis zu den Gleisen folgen, rechts sehen Sie schon den Bahnhof.

Die Weiterfahrt zum nächsten **Bahnhof in Zossen** ⓯ lohnt sich, 52 km
weil Zossen als Grenzfeste zur Lausitz mit einer Burg ausgestattet wurde, von der in einem Park an der Notte noch eine eindrucksvolle **Bastion** (Abstecher 500 m) steht. Die Stadtkirche ist eine barocke, aber sehr schlichte Saalkirche. Außerdem lockt in Zossen die Erlebnisbahn mit Draisine. Tel. 03 77 / 330 08 50. Einkehrmöglichkeit in Bahnhofsnähe: Hotel Weißer Schwan (am Nottekanal).

Nordöstlich erstreckt sich das **Vogelschutzgebiet** des ehemaligen **Prierowsees**, das z. T. durch Auffüllen der zu DDR-Zeit angelegten Gräben wieder vernässt wurde. Heute ein gut geschützter Amphibienlaichplatz.

Hinter **Zossen** beginnt der waldreiche ehemalige **Truppenübungsplatz Wünsdorf**, seit Kaisers Zeiten vom Militär genutztes Gelände und ehemaliges Hauptquartier der Sowjet-Truppen, heute das größte Konversionsgebiet in Brandenburg. Auffällig sind vor allem die oberirdischen Betonzigarren, die ehemaligen Generalstabsbunker des deutschen Heeres. (Hitler hat sich nie in diese stabilen Bunker getraut, denn hier wäre bei einem Attentat mehr passiert.) Aber Sie können auch nach Absprache die unterirdischen russischen Bunker besichtigen. In einem Teil des alten Kasernengeländes etabliert sich die **Bücherstadt Wünsdorf-Waldstadt**. Mehrere Antiquariate haben auch am Wochenende 10 bis 18 Uhr geöffnet (Information und Führungen besonders durch die bekannten Maybachbunker Tel. 03 37 02 / 96 00 oder www.buecherstadt.com).

Tour Schwielowsee: Auf glatten Wegen entlang der Havel

Potsdam – Caputh – Ferch – Baumgartenbrück – Petzow – Geltow – Potsdam

In Potsdam, der zweiten Residenz der preußischen Könige, finden wir die größte Ansammlung historischer Bauwerke auf engem Raum. Auf dem Weg dorthin begegnen wir an fast jeder Straßenecke steinernen Zeugen vergangener Glorie. Die Bebauung der Havellandschaft durch die preußischen Könige (Heilandskirche, Schloss Glienicke, Pfaueninsel) sollte Potsdam und Berlin miteinander verbinden. Die Bauten und z. T. auch die Landschaft wurden durch die Sehnsucht nach Italien geprägt. So entstand Preußens Arkadien. Am Schwielowsee stößt man auf Sehenswürdigkeiten wie die Schlösschen in Caputh und Petzow, aber es überwiegen naturbelassene oder vom bekannten Potsdamer Landschaftsarchitekten Lenné gestaltete Uferabschnitte. Zusätzlich reizvoll ist dieser Havelbereich durch die Hügel, die auf eiszeitliche Ablagerungen zurückzuführen sind. In den noch heute losen Böden versickern die Niederschläge schnell, so dass sie gute Standorte für Trockenheit liebende Pflanzen sind. Am Fuße der Hügel drängt das Wasser wieder hervor, findet aber oftmals keinen rechten Abfluss. Dadurch entsteht das Nebeneinander von Sand und Sumpf, der Reiz der Mark.

Start und Ziel:	*Bf. Potsdam Hbf. oder S-Bahnhof Wannsee (RE 1, S 7)*
Streckenlänge:	*35 km (von/nach Wannsee 48 km)*
Steigungen:	*Geringfügig (Schäferberg v. Ri Wannsee)*
Streckenprofil:	*Asphalt, feste Waldwege und wenig Pflaster*
Verknüpfungen:	*Zu Beginn mit Tour Teltowkanal ab Steglitz und in Petzow mit Tour Unterhavel ab Werder*
Sehenswürdigkeiten:	*in Wannsee: Pfaueninsel, Glienicke; Caputh: Schloss, ehemaliges Wohnhaus von Albert Einstein; Ferch: Fachwerkkirche; Petzow: Park mit Herrenhaus (Romantik); Glindow: Ziegelöfen; Potsdam: Schlösser und Gärten des 18. und 19. Jh.*
Wegweisung:	*F1 durchgängig (von Wannsee fast immer R1)*
Information:	*Potsdam-Information, Friedrich-Ebert-Str. 5, Tel. 03 31 / 275 58-0*

Pumpe für Sanssouci (»Moschee«)

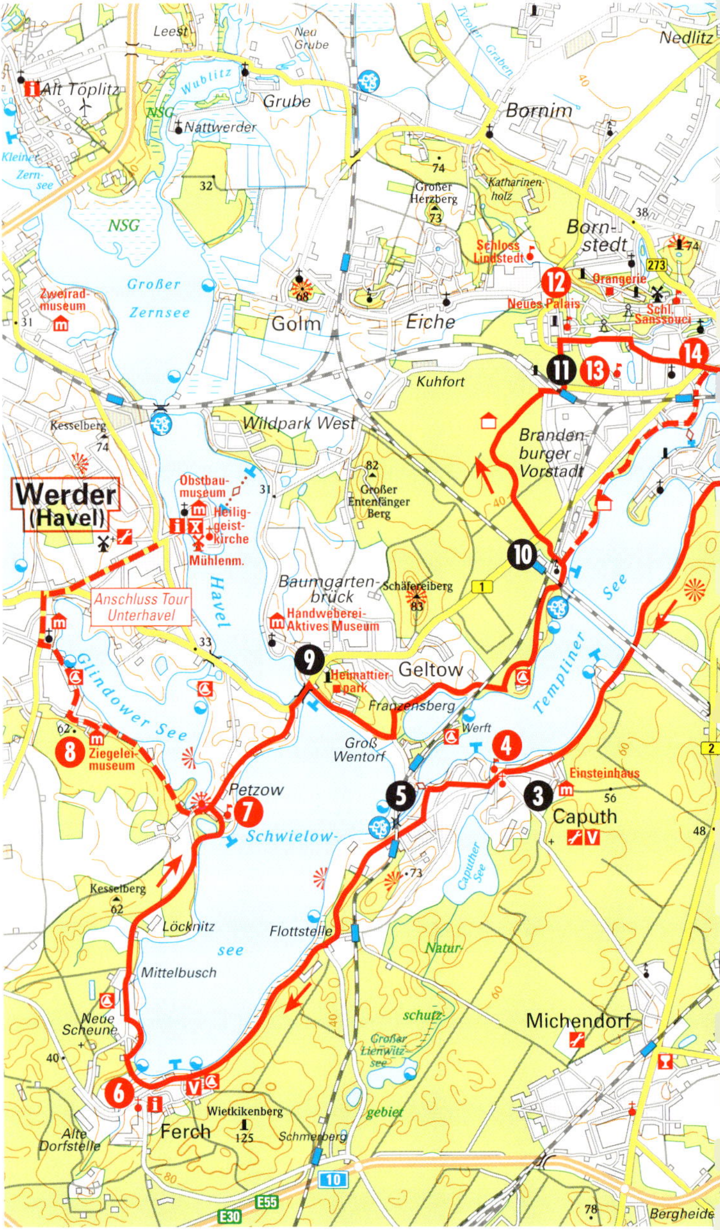

Leest
Neu Grube
Nedlitz
Alt Töplitz
Wublitz
Grube
Bornim
NSG
Nattwerder
Kleiner Zern-see
32
74
Großer Herzberg
73
Katharinenholz
38
Bornstedt
NSG
Schloss Lindstedt
74
273
12
Orangerie
Großer Zernsee
Zweiradmuseum
31
68
Golm
Eiche
Neues Palais
Schl. Sanssouci
14
11
13
Kuhfort
Wildpark West
Kesselberg
74
Brandenburger Vorstadt
82
Großer Entenfänger Berg
Werder (Havel)
Obstbaumuseum
31
Heiliggeistkirche
Mühlenm.
40
Havel
10
Baumgartenbrück
Schäfereiberg
1
83
Anschluss Tour Unterhavel
Handweberei-Aktives Museum
See
33
9
Heimattierpark
Geltow
Glindower See
Franzensberg
Templiner
Werft
62
8
Ziegeleimuseum
Groß Wentorf
4
2
Einsteinhaus
60
Petzow
7
5
3
56
Caputh
Schwielow-
48
73
Caputher See
Kesselberg
62
Löcknitz
Flottstelle
Natur-
see
Mittelbusch
60
schutz-
Michendorf
Neue Scheune
Großer Lienwitz-see
40
40
6
Wietkikenberg
gebiet
Alte Dorfstelle
Ferch
125
Schmerberg
80
10
E55
E30
78
Bergheide

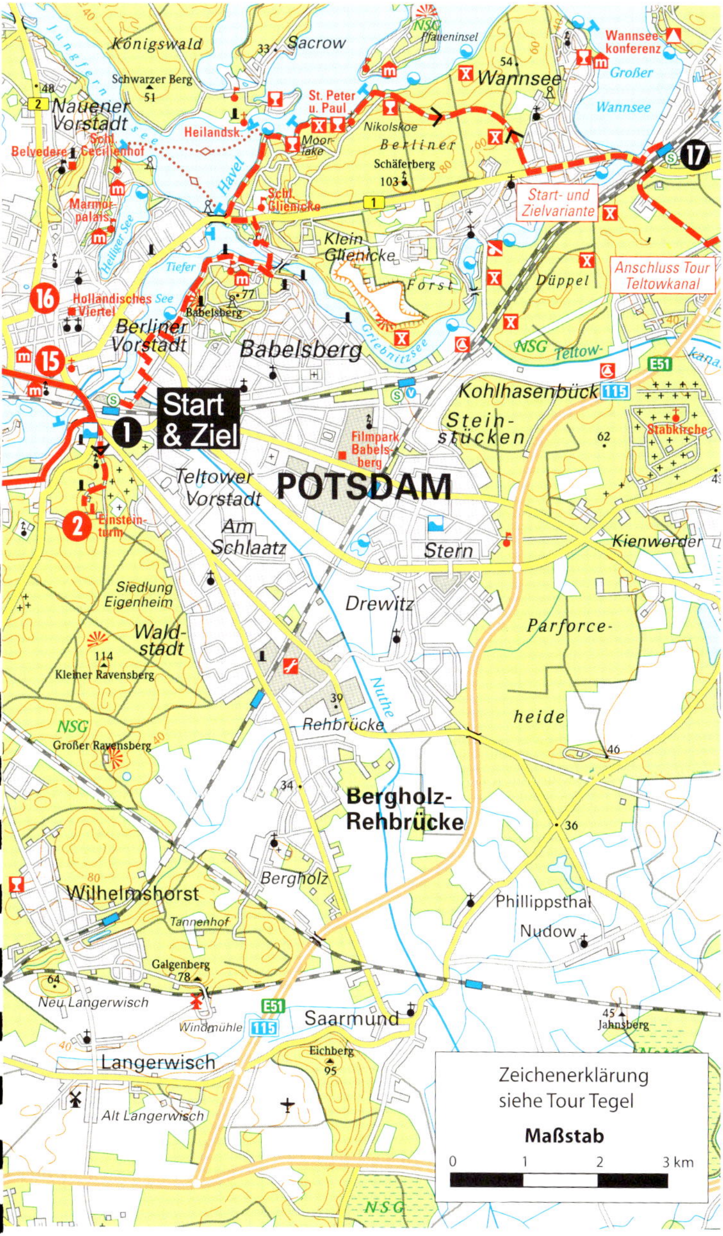
Königswald
Sacrow
Pfaueninsel
Wannsee-konferenz
Wannsee
Großer Wannsee
Schwarzer Berg
Nauener Vorstadt
Heilandsk.
St. Peter u. Paul
Nikolskoe
Moorlake
Berliner
Schäferberg
Belvedere
Schl. Cecilienhof
Havel
Schl. Glienicke
Start- und Zielvariante
Marmorpalais
Heiliger See
Klein Glienicke
Forst
Tiefer See
Düppel
Anschluss Tour Teltowkanal
Holländisches Viertel
Babelsberg
Berliner Vorstadt
Griebnitzsee
NSG
Teltowkanal
Kohlhasenbrück
Start & Ziel
Steinstücken
Stabkirche
Filmpark Babelsberg
Teltower Vorstadt
POTSDAM
Einsteinturm
Am Schlaatz
Stern
Kienwerder
Siedlung Eigenheim
Drewitz
Parforceheide
Waldstadt
Kleiner Ravensberg
Nuthe
Rehbrücke
Großer Ravensberg
Bergholz-Rehbrücke
Bergholz
Wilhelmshorst
Tannenhof
Phillippsthal
Nudow
Galgenberg
Neu Langerwisch
Windmühle
Saarmund
Jahnsberg
Eichberg
Langerwisch
Alt Langerwisch
Zeichenerklärung siehe Tour Tegel
Maßstab
0 1 2 3 km

Die Tour auf einen Blick

Nr.	km	Beschreibung
1		**Hauptbahnhof Potsdam** hoch auf die *Lange Brücke* und über das *Leipziger Dreieck*
2		**Einsteinturm** (Abstecher 1,7 km) in die *Leipziger Straße* re *Templiner Straße, Potsdamer Str., Lindenstr.*, re:
3		**Einsteins Sommerhaus** (Abstecher 100 m)
4	6,8	**Schloss Caputh**, *Straße der Einheit*,
5	8,3	**Fähre** li *Weinbergstr.*, re *Schwielowseestr.*,
6	14	**Fachwerkkirche in Ferch** (Abstecher vom Uferweg) *Neue Scheune, Fercher Str.*, Parkweg,
7	19,4	**Schlösschen Petzow**
8		**Ziegelöfen Glindow** (Abstecher 2 km über *An der Grelle*) *weiter über Straße Am Schwielowsee, dann über die Baumgartenbrücke* und scharf rechts runter zum Gasthaus:
9	21,8	**Baumgartenbrück**, *An der Baumgartenbrück*, re *Am Petzinsee, Am Gaisberg, An der Pirschheide*,
10	26,3	**Bahnhof Pirschheide**, weiter *An der Pirschheide*, und durch den Wald (*Hegemeisterweg*), *Am Wildpark* zum
11	30	**Bahnhof Potsdam Park Sanssouci**, *Am Neuen Palais*,
12	30,7	**Neues Palais**, *Ökonomieweg*,
13		**Charlottenhof**, *Ökonomieweg*, Lennéstr., Feuerbachstr.
14	33	**Pumpe für Sanssouci**, *Breite Str.*,
15		**Nikolaikirche**, *Lange Brücke*,
16		**Nauener Tor** (Abstecher 1 km über Fr.-Ebert-Str.)
1	35	über die Lange Brücke zum **Hauptbahnhof Potsdam**
17	48	**S-Bf. Wannsee** (Verlängerung um 13 km)

Anfahrt von Wannsee

Sportliche oder – da die Stadtgrenze Tarifgrenze ist – sparsame Leser können die Fahrt in **Wannsee** starten. Aber fahren Sie nicht über den von den Nazis geschaffenen Einschnitt am Schäferberg, sondern vorn an der **Pfaueninsel** vorbei, die schönste (Berliner) Uferstrecke sollte Ihnen einen Umweg wert sein:

Nehmen Sie von der S-Bahn kommend den Ausgang zu den Schiffen und rollen abwärts zur Kreuzung. Rechts über die Brücke folgen Sie der *Königsstraße*, bis die gesperrte *Pfaueninselchaussee* nach rechts in den Wald abzweigt. Nur den wenigen BVG-Bussen müssen Sie hier Platz machen, sonst haben Sie die

Heilandskirche Sacrow

ruhige Piste ganz für sich (Wegweisung R1). Direkt an der Fähre zur **Pfaueninsel** kommen Sie ans Havelufer.

Die Insel steht unter Naturschutz und kann nur zu Fuß besichtigt werden. Doch der Besuch lohnt sich. »Das ganze Eyland muss ein Paradies werden...« hieß es, bevor König Friedrich Wilhelm II. seiner Mätresse die Insel zum Geschenk machte.

Jetzt folgen wir dem weiterhin asphaltierten und autofreien Traum-Uferweg.

Wir durchradeln Preußens Arkadien. Selbstverständlich stehen hier keine eintönigen Kiefernwälder, sondern Eichen, Buchen oder Exoten. Dabei durchradeln wir ein kleines Europa: Erst ertönt über uns jede volle Stunde ein Glockenspiel von der russischen Kirche Peter und Paul. Daneben liegt für uns unerreichbar steil die ebenfalls an Russland gemahnende Höhengaststätte **Nikolskoe** (*Nikol skoje*) von 1819. Die nächste Etappe ist die Bucht Moorlake mit dem Wirtshaus im Schweizer Stil von 1841. Und weil die Überwindung der Alpen zu Zeiten des Prinzen Karl um 1830 ein großes Abenteuer war, ließ er in seinem Park Klein-Glienicke zur Erinnerung künstliche Schluchten und künstlich ruinöse Brücken anlegen, bevor die Sehnsucht nach Italien ihr Ziel erreicht. Noch ahnen wir Italien nur übers Wasser, denn ganz wie in Venedig ist die **Heilandskirche am Port zu Sacrow** (sa crowje = hinter dem Busch) ins Wasser gebaut.

1835 hat König Friedrich Wilhelm IV. – dessen Architekturen wir heute noch mehrfach begegnen – seine Skizze beschriftet: »Kirche im italienischen Styl mit einem Campanile daneben«. Der fromme Mann, der immer nur »Sacro« schrieb weil ihm das Lateinische näher lag als das Wendische, ließ sich hier im Boot zum Gebet vorfahren, das störende Dorf im Hintergrund wurde dafür enteignet, weil die Bauern immer wieder Bäume abholzten, die der romantischen Königsseele zur Beruhigung dienten. Dann folgen auf unserer Seite: Maschinenhaus (für die Wasserpumpe), **Kasino** und **Schloss**, die alle italienischen Villen nachempfunden sind!

Wir radeln nicht mit dem Autoverkehr über die **Glienicker Brücke**, sondern kreuzen die B 1 und rollen auf dem alten Grenzweg links am **Jagdschloss**, das Max Taut 1963 verunstaltete, vorbei zur Brücke nach **Babelsberg**. Die englische Ritterburg am Ufer verkleidet die Wasserpumpe für den Babelsberger Park. Warum dieser Aufwand? Pumpen wurden im 19. Jh. ja noch mit Dampf betrieben, was einen hohen Schornstein erforderlich machte. Hier fahren oder schieben wir, möglichst in Ufernähe bleibend, durch den Park Richtung **Potsdam Stadt**. In den Sommermonaten lohnt wegen seiner herrlichen Aussicht ein Aufstieg auf den **Flatowturm**.

Wir kommen direkt am **Kleinen Schloss** von 1841 vorbei, das eigentliche große Schloss in der damals modischen englischen Neogotik ist durch die Kaiserin Augusta beschrieben worden: »Das Schlösschen ist ganz klein, aber niedlich und bequem eingerichtet, und die Aussicht ist sehr schön...« Die Ansprüche dieser Frau müssen hoch gewesen sein. Immerhin durfte die Crème de la Crème der Gartenarchitekten Deutschlands den Park gestalten, J. P. Lenné und Fürst Pückler-Muskau.

Hinter dem herrlich-altmodischen **Freibad** unterqueren wir die **Humboldtbrücke** direkt an der Havel und fahren dann weiter am Ufer zum **Hauptbahnhof Potsdam**.

Strecke ab Potsdam

Diese Route lässt sich ganz einfach abfahren, weil sie vom ADFC Potsdam ausgeschildert wurde. Sie ist als F 1 ausgeschildert und bietet eine reizvolle Seeumrundung. Berlinbesucher oder Berliner ohne vernünftiges Rad können sich am Startpunkt am **Bahnhof**

Ufer am Templinsee in Caputh

Potsdam Hbf. Räder leihen und eine entsprechende Karte erwerben (Tel. 03 31 / 74 80 057).

Auf dem ›Leipziger Dreieck‹ genannten **Vorplatz** vom **Hauptbahnhof Potsdam ❶** sehen wir links über uns auf dem **Ravensberg** einen architektonischen Paukenschlag. Ein Turm wie eine Kommandobrücke, ohne einen einzigen rechten Winkel: der **Einsteinturm ❷** (Abstecher 1,4 km, 60 Höhenmeter) von Erich Mendelsohn aus dem Jahre 1924. Alles springt sofort von konvex zu konkav und umgekehrt. Leider springt auch immer wieder der Putz ab, weil in der Nachkriegszeit gute Baustoffe Mangelware waren. Sein Namensgeber versuchte hier die Relativitätstheorie zu beweisen. (Besichtigungstermine unter Tel. 03 31 / 28 80 erfragen).

Wir biegen in die *Leipziger Straße*. Leider fehlen für ein kurzes Stück Radwege, dafür stehen beiderseits der Strecke eindrucksvolle Ruinen. Gleich wird es schöner: Wir biegen F1 ausgeschildert rechts in die ruhigere Templiner Straße ein. Rechts lockt ein Abstecher auf die Halbinsel **Hermannswerder** (diese lässt sich auch durch das Stadtzentrum und mit der Fähre erreichen).

Friedrich Wilhelm IV. plante hier ein Schloss ›Belriguardo‹, zur Ausführung fehlte ihm das Geld. Aber schön ist der Blick von hier noch heute. Später wurde auf dem Südteil der Insel die Hoffbauerstiftung errichtet.

Ab jetzt führt uns ein guter Radweg neben der Templiner Straße direkt am Ufer des Templiner Sees nach Caputh.

Der **Templiner See** wurde 1956 als Folge der deutschen Teilung durch einen hohen Bahndamm geteilt. Nur so konnten die Potsdamer, ohne West-Berlin zu berühren, mit der Bahn nach Ost-Berlin fahren. Fast 3 Mio. Kubikmeter Sand wurden für den Damm gebraucht, da der Seegrund aus fast 40 m tiefem Morast bestand.

Caputh hat seinen slawischen Namen vermutlich von dem hufeisenförmigen See im Ortsgebiet bekommen. Da dieser See nicht von der Havel durchflossen wird, ist sein Wasser weniger belastet. Der Ort bietet allerlei:

Da wäre als Erstes am Ortseingang linker Hand am Hang das ehemalige Wohnhaus des Mannes mit der berühmten spitzen Zunge. Seinen Arbeitsplatz haben wir eben kennen gelernt: Das **rote Holzhaus Albert Einsteins** ❸ (Abstecher 100 m) mit seinen weißen Läden in der *Waldstraße 7* ist ein früher Fertigbau (1928) von Konrad Wachsmann, der später mit Gropius das so genannte Packeged House System entwickelte. Führung nur nach Anmeldung: Tel. 03 31/ 27 17 80.

Aus den gleichen Jahren stammt gegenüber in Geltow (Franzensberg 1-3) das Terrassenbacksteinhaus des ebenfalls jüdischen Ehepaars Frank.

Über die *Lindenstraße* gelangen wir ins Zentrum von **Caputh** mit **Schloss** und **Kirche**.

Die Kirche mit seitlich angeordnetem Campanile (Glockenturm) ist aus Gelbziegeln aus dem nahen Glindow errichtet. Herrlich kontrastiert dazu im Innern die tiefblaue Apsis mit kleinen Sternchen. Der Schinkelschüler August Stüler hat damit 1848 eine damals moderne frühchristliche Pfeilerbasilika nachgebaut.

Lange Zeit in einem jämmerlichen Zustand befand sich das
6,8 km wertvolle **Schloss Caputh** ❹. König Friedrich I. pflegte mit seinem vergoldeten Lustschiff vom Potsdamer Stadtschloss hierher zu gondeln. Das Schloss wurde saniert und ist nun zu besichtigen (tgl.

Schloss Caputh

außer Mo, Tel. 03 32 09 / 703 45). Im Keller befindet sich das größte mit Delfter Fliesen des 17. Jh. ausgeschlagene Kabinett Europas. Samstags finden in der Kirche oder im Schloss oft die ›Caputher Musiken‹ statt (Information Tel. 03 32 09 / 209 06).

In **Caputh** lohnt auch ein Abstecher zur **Fähre** ❺. Schon Einstein saß im Fährhaus und vergaß ob aller Relativität das Zahlen. Die Seilfähre stammt noch aus den Tagen Fontanes und gehört damit zu den ältesten in Europa. Wer den Schwielowsee bereits kennt, kann hier übersetzen und durch den Wildpark 8,3 km

West am rechten Havelufer auf schönen (und ruhigen) Strecken Anschluss an die **Tour Unterhavel** nach **Paretz** finden.

Tipp: An warmen Tagen nehmen Sie vielleicht ein Eis auf die Hand und schieben an der Uferpromenade längs des *Caputher Gemündes* vor, bis sich plötzlich der Blick auf den Schwielow öffnet. Wenn Sie Fontanes Band ›Havelland‹ besitzen, können Sie auch am Aussichtspunkt darin ein bisschen über unsere heutige Tour lesen.

Die Schwielow-Runde

Fontane vermutete, der **Schwielowsee** sei keine 1.000 Jahre alt, und die Havel hätte sich erst mit einem großen Hochwasser dieses flache Moorland ›erobert‹, da weite Teile des Sees sich durchwaten ließen. Die geringe Tiefe ermöglicht einen großflächigen Schilfbewuchs, der auch der Tierwelt zugute kommt. Vor allem im Frühjahr nutzen viele nordische Vogelarten die Gegend als Rastplatz auf ihrem weiten Weg gen Süden. Silbermöwe, Sturmmöwe, Kormoran, Wildgans, viele Entenarten, Rohrdommel, Kranich, See- und Fischadler können hier beobachtet werden. In den großen Wäldern am Südteil des Sees finden sich verstreut noch über 400 ›Hute-Eichen‹. Der Name der mehrere hundert Jahre alten Bäume geht darauf zurück, dass hier Schweine gehütet wurden.

Die ausgeschilderte Strecke von **Caputh** nach **Ferch** führt über den Radweg auf der seewärtigen Seite der Straße. Bis zur Flottstelle (hier wurden die Bäume zu Flößen flott gemacht) verläuft zwischen Straße und See auch ein Wanderweg, der einen schönen Picknickplatz bietet.

Auch der Ort **Ferch** ist slawischen Ursprungs, sein Name bedeutet so viel wie ›Berg‹. Doch nicht der heute Wietkiekenberg genannte Berg lockt uns hierher, sondern die idyllische Lage am Südzipfel des Sees. Viele Ausflugsgaststätten entstanden hier, nachdem der Maler Hagemeister das Dörfchen bekannt gemacht hatte.

14 km Sehenswert ist vor allem die barocke **Fachwerkkirche** ❻ mit naiv bemalter Holzdecke. Wenn die Kirche geschlossen ist, kann man durch das Fenster auf der Südseite einen Eindruck gewinnen.

Der gut ausgebaute Uferweg führt uns am Südrand des Schwielowsees durch Ferch. Es empfiehlt sich ein Abstecher in das Dorfzentrum mit der Fachwerkkirche. Wir bleiben weiter

Fachwerkkirche in Ferch

auf dem Seeweg, bis zum Schiffsanleger Neue Scheune. Dann gelangen wir über den Radweg an der *Fercher Straße* Richtung **Petzow**. Hier biegen wie zwischen zwei Backsteintürmchen nach rechts in einen anfänglich düster verwilderten **Park** ab, der aber schon bald sich lichtet und wenn sich unser Weg hebt, blendet uns zu beiden Seiten Wasser. Links der Haussee und rechts unser Schwielowsee.

Hier in **Petzow**, am Westrand des Sees, liegt in einem wunderschönen Park, den Lenné gestaltet hat, ein neogotisches
19,4 km **Schlösschen** ❼ aus dem Jahre 1828, das Schinkel zugeschrieben wird. Gut essen Sie in der ›Alten Schmiede‹ oder der ›Fontaneklause‹.

Von der Petzower Bootsanlegestelle hat man den schönsten Blick über den See. Danach sollten Sie, falls Sie an einem Wochenende unterwegs sind, nicht versäumen, den nahen **Kirchturm** zu besteigen. Schon Fontane schwärmte von diesem Blick. Das Gewässer westlich des Turms ist der tintenklecksförmige **Glindowsee**. Auf unserer Karte erkennen wir am Südrand des Sees Steilhänge, die ›Glindower Alpen‹ genannt werden: heute ein Naturschutzgebiet, das u. a. 22 Heuschreckenarten beherbergt.

Schon die Slawen wussten um die Lehmvorkommen, denn Glin-Dow bedeutet Lehm-Dorf, und der Ort war ein wichtiges Ziegeleizentrum mit einer beeindruckenden Produktion: pro Kammer wurden 12.000 Steine am Tag produziert, ein Ofen hatte 12 Kammern, 50 Öfen gab es im Bereich **Glindow**, 500 Arbeiter bedienten sie von 3 Uhr früh bis 9 Uhr abends, sie kamen aus 300 km Umkreis. Fontane beschrieb die Ziegelöfen so, dass sie dem bürgerlichen Publikum mundeten: »Denken wir uns also eine gewöhnliche runde Torte, aus der wir das Mittelstück ... herausgeschnitten und durch eine schlanke Weinflasche ersetzt haben, so haben wir das getreue Abbild eines Ringofens.« Wer sich für die alten **Ziegelöfen** ❽, interessiert, sollte den rot markierten, recht hügeligen Weg am Südufer des Glindowsees einschlagen (Glindower Ziegelei, Tel. 0 33 27 / 66 93 95, März bis Okt. Mi bis So 10 bis 16 Uhr und nach Vereinbarung). Der *Glindower Weg* beginnt links am Parkplatz südlich der **Kirche** in **Petzow** und ist etwas schwer zu finden. Von der Ziegelei muss man nicht nach **Petzow** zurückfahren, sondern kann an einer Badestelle vorbei über **Glindow** nach **Werder** (siehe **Tour Unterhavel**) radeln.

Ausflugsgaststätte Baumgartenbrück

Rückfahrt nach Potsdam

Petzow verlassen wir auf dem neuen und guten Radweg am See in Richtung Geltow-Baumgartenbrück. Unübersehbar erstrahlt auf der rechten Seite das weiße Resort Schwielowsee. Der ehemalige SPD-Vorsitzende Kurt Beck wird die Stätte in weniger strahlender Erinnerung behalten haben, wurde er doch dort um Rücktritt bewogen. Auf dem rechten Radweg der Bundesstraßenbrücke überqueren wir die Havel und biegen gleich dahinter scharf nach rechts unten (ggf. schieben) zum Gasthaus **Baumgartenbrück ❾**. 21,8 km

Die Weiterfahrt unter den efeuberankten Bäumen am Nordufer des Schwielowsees ist dann herrlich. An der Einmündung der *Geltower Chaussee* halten wir uns links, biegen aber gleich rechts in den Weg am Petzinsee ab. Nach der Überquerung einer **Bahnlinie** durchfahren wir den Campingplatz ›Gaisberg‹.

Anschließend halten wir uns rechts immer am Ufer des Templiner Sees, passieren ein Tagungshotel, unterqueren den Eisenbahnaußenring um Berlin, links liegt der **Bahnhof Pirschheide ❿**, der 26,3 km
zu Mauerzeiten der Potsdamer Hauptbahnhof war.

Wer es bequem haben will, kann in die Innenstadt auf dem ausgeschilderten Europaradweg R1 direkt am Havelufer gelangen. Lassen Sie sich aber von mir verleiten, einen Abstecher zu unternehmen! Wir folgen der Beschilderung der lokalen Route F1 durch 30 km
den Wildpark zum Bahnhof **Potsdam Park Sanssouci ⓫**.

Schiffsanleger in Potsdam mit Nikolaikirche

Dort ist links der alte Kaiserbahnhof, auf dem Wilhelm II. sein Coupé zu stehen hatte. Heute dient der Prachtbau als Akademie für Führungskräfte der Deutschen Bahn.

Über die Straße *Am Neuen Palais* gelangen wir nach wenigen
30,7 km hundert Metern direkt zum gleichnamigen **Schloss ⓬**. Bitte orientieren Sie sich auf der großen Tafel am Parkeingang: Im Park darf man nur auf wenigen (grün markierten) Wegen radeln! Wir biegen vor dem Schloss auf den asphaltierten Ökonomieweg ab, der uns durch die Weite der von Lenné geschaffenen Parklandschaft führt.

Ein besonders feiner klassizistischer Bau leuchtet von rechts durch den Park. Anders als das **Neue Palais**, dem von Friedrich dem Großen als »Fanfaronade« bezeichneten großen Schloss, ist das Schloss **Charlottenhof ⓭** ein filigranes, fast bescheidenes Schlösschen. Zusammen mit den benachbarten Römischen Bädern, eine der stilvollsten Anlagen italienischer Art nördlich der Alpen, wurde es von Karl Friedrich Schinkel für König Friedrich Wilhelm IV. erbaut.

Bei der Meierei an den Römischen Bädern verlassen wir den Park und steuern über die *Lennéstraße, Feuerbachstraße, Breite Straße* und *Lange Brücke* den **Hauptbahnhof Pots-**
35 km **dam ❶** an.

An der Neustädter Havelbucht steht ein fotogen gestreiftes
33 km Bauwerk, es ist die **Pumpe für Sanssouci ⓮**. Der Schinkelschüler Persius verkleidete die Anlage, um den Schornstein der Dampfmaschine zu verdecken, einfach als Moschee mit Minarett. Der Maschinenraum ist der Kathedrale von Cordoba nachgebildet!

Ein Stück weiter stoßen wir am Alten Markt auf die **Nikolaikirche ⓯**, die Potsdams Silhouette prägt und wiederum ein Werk von König Friedrich Wilhelm IV. und Schinkel ist.

Die alte Kirche wurde 1721 abgerissen und der erste Zentralbau errichtet. 1795 wurde die Kirche durch einen Brand beschädigt, willkommener Anlass für Friedrich Wilhelm III., Schinkel den Bau einer modernen Kirche zu befehlen. Der architekturinteressierte Sohn Friedrich Wilhelm IV. entdeckte die Skizze mit einem Satteldach und malte mit einem flotten Strich eine Kuppel rein mit dem Kommentar: »Dat fehlt hier!« Preußen wäre nicht Preußen, wenn nicht erst der sparsame Vater die Kirche mit dem preiswerten Satteldach hätte decken lassen und der Sohn als eine seiner ersten Amtshandlungen die Kuppel angeordnet hätte.

Vom Alten Markt ist es über die Friedrich-Ebert-Straße nur ein Katzensprung zu weiteren Attraktionen: Zur Einkehr sollten Sie vielleicht noch einen Abstecher in die Mittelstraße im **Holländischen Viertel** machen, z. B. in Hausnummer 18 sitzt es sich gemütlich im Hof des Lokals ›18‹. Für kühlere Tage bietet sich das Traditionscafé ›Heider‹ oder das feinere ›Arco‹ am **Nauener Tor** ⑯ an. An schönen Tagen ist der ganze Platz sehr belebt. Hier sagte mir ein älterer Potsdamer einmal: »Sie sitzen hier auf der Strafarbeit meines Urgroßvaters« und zeigte dabei auf die Steine zu meinen Füßen. Denn in Potsdam mussten die Bürger nicht nur Wohnraum in ihren Häusern für die Soldaten zur Verfügung stellen, sondern auch für jede öffentliche Beschimpfung des Königshauses 1 m Straße pflastern.

Zielvariante

Für konditionsstarke Romantiker habe ich noch folgenden Tipp: Fahren Sie die Anschlussstrecke nach **Wannsee** (ausgeschildert als R 1) kurz vor Sonnenuntergang zurück, dann vergoldet unser Tagesgestirn die Havelfluten. Das sind die Momente, in denen man seinen Fontane dabei haben sollte. Er beschreibt in seinem Band ›Havelland‹, unter »Die Pfaueninsel« und »Demoiselle Rachel« wie der preußische Hof die blaue Stunde für den russischen Zaren mit französischen Künstlerinnen zwischen Glienicke und Pfaueninsel beging. Um sich dann wieder an die laute Stadt zu gewöhnen, ist der 1.000 Menschen fassende Biergarten Loretta (am **S-Bahnhof Wannsee** ⑰) genau richtig. 48 km

Tour Unterhavel: Weite helle Landschaft an der Havel

Werder – Golm – Grube – Marquardt – Uetz – Paretz – Ketzin – Phöben – Werder

Paretz wurde vom Hof um 1800 »Schloss Still-im-Land« genannt. Er war der Lieblingsaufenthalt der beliebten Königin Luise. Der aufmerksame Fontane stellt fast 100 Jahre später fest, dass das Licht in dieser Landschaft etwas Besonderes ist. Neben der Tour Teltowkanal entlang der Nuthe ist dies die hellste Strecke in diesem Buch, denn es gibt wenig Schatten beiderseits der Havel. Daher sollte man sie auch lieber im Frühjahr fahren, wenn man ohnehin nicht genug Licht bekommen kann, als im Hochsommer. Fernglas und Sonnenschutz nicht vergessen!

Start und Ziel:	*Bf. Werder (RE 1 halbstündlich)*
Streckenlänge:	*33-39 km (mit Anschluss nach Brieselang 55 km)*
Steigungen:	*fast keine*
Streckenprofil:	*Meist kleine Straßen, kurze verkehrsreiche Abschnitte*
Sehenswürdigkeiten:	*Schweizer Kolonistenkirche Nattwerder, Führungen und Konzerte über Herrn Scheffler (Tel. 0172 / 92 85 51 9) Marquardt: Herrenhaus und Park (Führungen durch Dr. Grittner, Tel. 03 32 08 / 57 27 9), Kirche; Paretz: Schloss, Kirche (Klassizismus); Werder: Inselaltstadt mit Kirche und Windmühle*
Verknüpfungen:	*mit Tour Schwielowsee ab Potsdam und Tour Brieselang ab Spandau*
Wegweisung:	*F 3 durchgängig ausgeschildert, auch auf der ADFC Regionalkarte Potsdam*

Die Tour auf einen Blick

Nr.	km	Beschreibung
1		**Bhf. Werder**, *Zum Zernsee, Mühlendamm,*
2	5,2	**Kolonistenkirche Nattwerder**, *Nattwerder Weg,* Grube, *Schlänitzer Weg*
3		Am **Sacrow-Partzer-Kanal**
4	11	**Marquardt**: **Herrenhaus**, *Hauptstraße*, li Radweg an *B 273*, li *Paretzer Straße*
5	19	**Paretz**: **Schloss**, Werderdamm, *An der Havel*
6	20,8	**Fähre Ketzin**, dann 2. Weg li
7		**NSG Ketziner Havelinseln** (2 km Abstecher)
8	26	**Phöben**, *Havelweg, Fährstraße, Hauptstraße* und entweder *Phöbener Chausee* oder
9	28	(Wanderwegalternative: *Am Wachtelberg*) **Straße am Fuchsberg**, Dorfstraße Kemnitz
10	32	Ufer des **Plessower Sees**, *Kemnitzer Chaussee, Kesselgrund* li
1	35,3	**Bahnhof von Werder**, *Damaschke Str., Unter den Linden* li
11	37,4	**Werder**: **Inselaltstadt** (wie gekommen zurück)
	39,5	wieder am **Bahnhof**

Der **Bf. Werder** wird halbstündlich aus Berlin angefahren. Der RE benötigt von Zoo bis Werder nur 25 Minuten. Die Route ist als F 3 ausgeschildert und leicht zu finden. Allerdings für wenig geübte Kinder nicht geeignet: zweimal muss über Treppen getragen und ein Stück mit Verkehr gefahren werden.

Vom **Bahnhofsvorplatz** 1 fahren wir südlich der Gleise auf glatten Wegen zurück zur Havel. Über eine Treppe gelangen wir auf die Bahnbrücke.

Am Ostufer des Großen Zernsees haben wir die Wahl zwischen dem F3 am Ufer (teilweise schlechter Belag) oder dem asphaltierten Weg F2.2 zunächst etwa 500 m nördlich an den Bahnschienen entlang und dann links über den *Galliner Damm*. Nach etwa einem Kilometer treffen beide Wege wieder zusammen. Bald darauf zweigt links die **Radlerbrücke** auf die **Halbinsel Töplitz** ab. Seitdem ein Kanal gebaut wurde, bezeichnet die sich stolz als ›Insel‹. Beim Schweizer **Kolonistendorf Nattwerder** 2
5,2 km verengt sich das Gewässer, um sich vor **Grube** wieder zur **Wublitz** zu erweitern. Dieser Verlandungsbereich der Havel ist ein

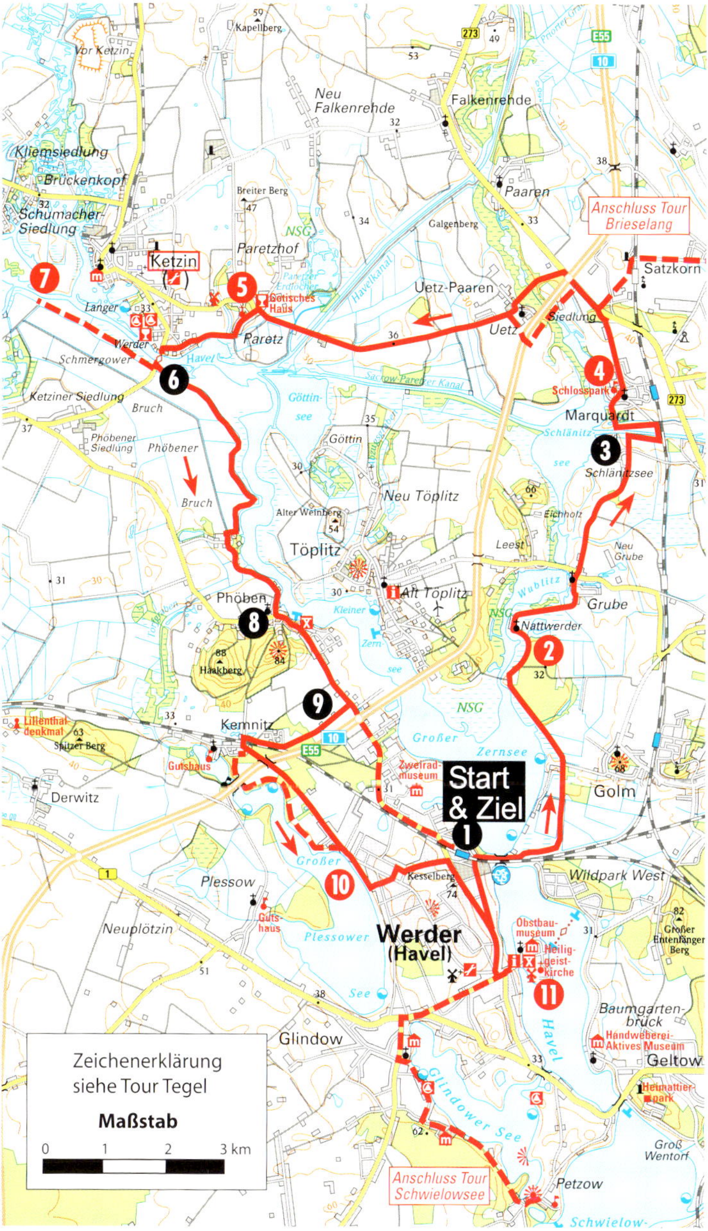
Vor Ketzin
Kapellberg
Neu Falkenrehde
Falkenrehde
Kliemsiedlung
Brückenkopf
Schumacher-Siedlung
Breiter Berg
Paaren
Galgenberg
Anschluss Tour Brieselang
Paretzhof
Ketzin
Satzkorn
Uetz-Paaren
Gotisches Haus
Langer
Werder
Paretz
Havel
Uetz
Siedlung
Schmergower
Havelkanal
Sacrow-Paretzer Kanal
Schlosspark
Ketziner Siedlung
Bruch
Göttinsee
Marquardt
Göttin
Schlänitzsee
Phöbener Siedlung
Phöbener
Bruch
Neu Töplitz
Alter Weinberg
Eichholz
Töplitz
Leest
Neu Grube
Alt Töplitz
Wublitz
Grube
Phöben
Kleiner Zernsee
Nattwerder
NSG
Haakberg
Kemnitz
Lilienthal-denkmal
Spitzer Berg
Großer Zernsee
Gutshaus
Zweirad-museum
Start & Ziel
Golm
Derwitz
Großer Plessower See
Kesselberg
Wildpark West
Plessow
Guts-haus
Neuplötzin
Werder (Havel)
Obstbau-museum
Heilig-geist-kirche
Großer Entenfänger Berg
Glindow
Baumgartenbrück
Handweberei-Aktives Museum
Geltow
Heimattier-park
Glindower See
Groß Wentorf
Anschluss Tour Schwielowsee
Petzow
Schwielow-
Zeichenerklärung siehe Tour Tegel
Maßstab
0 1 2 3 km

wichtiger Laichplatz für Fische und daher NSG. Von **Grube** führt uns ein Feldweg geradeaus weiter bis zur Einmündung des **Sacrow-Paretzer-Kanals** ❸ in den Schlänitzsee. Wir stoßen jenseits der kleinen Kolonie **Schlänitzsee** auf den Kanal.

Der 16 km lange Kanal wurde Ende des 19. Jh. gebaut und verkürzt den Weg von Berlin zur Elbe. Seine geraden Ufer bieten Flora und Fauna wenig Lebensraum. Er führt das Wasser schnell ab, damit sinkt der Wasserspiegel des Wannsees: Sehr deutlich hat man die Probleme vor Augen, die mit dem Ausbau der Schifffahrtsstraßen verbunden sind. Erfreulicherweise haben die vielen Eingaben gegen den Havelausbau schon einigen Erfolg gezeigt.

Wir fahren am Kanal nach rechts bis zur **Bahnbrücke**. Hier schieben wir die Räder hinauf, überqueren die Wasserstraße und fahren auf der anderen Seite wieder direkt am Wasser zurück. Gegenüber der Siedlung führt nach rechts ein Weg in den schönen Schlosspark von **Marquardt**. Er bietet herrliche Picknick- und Bademöglichkeit am Ufer.

11 km **Marquardt** wurde bekannt durch sein **Schloss** ❹ inmitten des 1823 von Lenné umgestalteten Parks am Schlänitzsee. Wir kommen direkt darauf zu, wenn wir immer am Ufer entlang in den Park hineinfahren. Um 1800 gehörte **Marquardt** dem General v. Bischofswerder, dessen Mitgliedschaft bei den Rosenkreuzern sicherte ihm das Wohlwollen des zum Okkultismus neigenden Friedrich Wilhelm II. Hören wir Fontane: »Der König nahm Platz. Alsbald wurden Stimmen laut; leiser Gesang wie von Harventönen begleitet. Dann stellte der König Fragen, und die Geister antworteten. Jedes Mal tief ergriffen, kehrte Friedrich Wilhelm ins Schloss und bald darauf nach Potsdam zurück. ... Es wird hinzugesetzt, die Grotte sei doppelwandig gewesen, und eine Vertrauensperson des Ordens habe von diesem Versteck aus die ›musikalische Aufführung‹ geleitet und die Antworten erteilt« (Fontane, ›Havelland‹). Anfang des 20. Jh. wurde die Schlossanlage im neobarocken Stil erweitert und umgebaut. Später war sie im Besitz der Familie Kempinski. Es entstand ein Ort mit Fremdenzimmern, Tennisplätzen, Badesteg und nahe gelegenem Golfplatz. Berliner Filmprominenz und Geldadel genossen hier das Leben, die Geister kamen jetzt nicht mehr aus der Wand, sondern aus der Flasche.

Schlosskirche von Paretz

Gedenktafel Königin Luise

Verlassen Sie **Marquardt** an der **Kirche** vorbei nach Norden. Sie kommen bis an die B 273. Hier herrscht reger Verkehr, aber gleich hinter der **Autobahnunterquerung** biegen Sie nach links ab. Dann geht es auf gut asphaltierter Straße durch eine wunderschöne Auenlandschaft über **Uetz** nach **Paretz**.

In **Paretz** fanden der bescheidene König Friedrich Wilhelm III. und seine Frau Luise die ländliche Ruhe und Abgeschiedenheit, die beide so liebten.

Deshalb erwarb er 1795 das Gut und ließ anstelle des alten
19 km Wohnhauses ein **Schloss** ❺ im ländlichen Stil errichten. Ganz ohne Revolution vollzog sich hier in Paretz der Wechsel zum bescheidenen Bürgerkönig, dem ›König zum Anfassen‹, dem die Bauern und Fischer die Früchte ihrer Arbeit anboten. Den Architekten David Gilly ermahnte er, daran zu denken, dass er für einen »armen Gutsherren« baue. Fontane nannte das Gebäude einen schmucklosen Parterrebau, den im Innern immerhin das Licht wohnlich mache. Das Bescheidene war derart gut gelungen, dass die DDR gar nicht daran dachte, das Gebäude abzureißen. Bis 1999 konnte man sich kaum vorstellen, dass im Verwaltungsgebäude der ›VEB Tierzucht‹ einmal Königin Luise wohnte. Insofern blieb ›Schloss Still im Land‹, wie es die Kinder Luises und später alle Freunde nannten, seinem Namen treu und ein Geheimtipp (Mo geschlossen, Tel. 03 32 33 / 73 60). Auch die neogotische Dorfkirche (1779) stammt von Gilly. In der Kirche findet sich im Mauerwerk des Königsstuhls, der Loge für das Herrscherpaar, eine Bildhauerarbeit von Schadow, die dieser nach dem Tode Luises anfertigte. Jedes Jahr zum Todestag von Königin Luise am 19. Juli werden in **Paretz** eine Messe und ein Konzert gegeben. Zur Einkehr bietet sich das ›Gotische Haus‹ an.

In **Paretz** folgen wir der Fahrradbeschilderung durch den Ort. Jetzt kommt bis zur **Fähre Ketzin** ❻ wieder ein Stück 20,8 km
himmlischer Ruhe meist auf dem Haveldeich.

Die Wartezeit kann in einem Restaurant doppelt und dreifach überbrückt werden. Die neue Autofähre setzt uns viel zu schnell über. Das völlig flache Südufer ist wieder durch einen Deich gesichert. Vogelfreunde machen vielleicht noch einen Abstecher nach Westen Richtung **Trebelsee** und **NSG Ketziner Havelinseln** ❼. Das sind vier extrem flache Schwemmsandinseln, deren Betreten natürlich verboten ist. Vögel können vom Deich aus mit dem Fernglas beobachtet werden.

Nach dem Ausbau des Havelradwegs auf dem Deich macht das Radeln hier doppelt so viel Spaß. Links geht es nach **Phöben**. Am Ende des Betons durchqueren wir einen **Reiterhof**, dann fahren wir auf fester Schlacke in den Ort.

In **Phöben** ❽ können Sie mit Blick auf die Havel Kaffee trin- 26 km
ken oder weiter der Beschilderung nach **Werder** folgen. Allerdings hat diese Strecke relativ viel Verkehr. Bis die Uferpromenade auf dem Gebiet der ehemaligen Sowjetkaserne am Westufer des Großen Zernsees fertig gestellt ist, wird wohl leider noch einiges Wasser die Havel runter fließen. Der blaue Wanderweg ist teilweise loser Sand. Daher fahren Sie erst kurz vor der Autobahn rechts in die ruhige **Straße am Fuchsberg**
❾ nach Kemnitz. An der Südseite des fast 90 m hohen Berges 28 km
liegt ein Golfplatz.

In **Kemnitz** stoßen wir auf eine Nebenstraße, überqueren die Autobahn und kommen durch ein Wäldchen. Badelustige
wählen direkt den Uferweg am Großen **Plessower See** ❿. 32 km
Das Wasser ist sauberer als das der Havel. Der See ist für alle Sportboote gesperrt. An der *Sentastraße* sollten Sie wieder hoch in den Ort schieben. Mit einem Rechts-Links-Versatz queren Sie die *Kemnitzerstraße* und biegen links in den Kesselgrund ein. Diese etwas desolat gepflasterte Straße führt vorbei an einer schicken **Schule** abwärts zum **Bahnhof von Werder** ❶. 35,3 km

Die spitzen Türme der **Heiliggeistkirche** ⓫ strecken sich mit 37,4 km
vielen Zacken in den Himmel. Die Kirche wurde 1858 von Stüler im neogotischen Stil erbaut. Über die restaurierte Brücke gelangen wir

Schloss Paretz heute ...

... und damals

auf die **Insel**. Es lohnt sich, das Rad um die Kirche herum durch die ruhigen Gassen zu schieben oder es abzustellen und zu Fuß zu gehen. Die Insel ist weniger als 1 x 1,5 km groß, eine Brücke zum Westufer wurde schon 1317 erwähnt. In der *Fischerstraße* gibt es täglich außer montags geräucherte Forellen.

Das Kloster Lehnin pflegte in Werder den Wein- und Obstanbau. Mehr als 400 Morgen Weinberge verteilten sich auf 130 Besitzer. Dann wurde es etwas kälter in Europa, und ab Mitte des 18. Jh. konzentrierte man sich mehr und mehr auf den Obstanbau, so dass **Werder** mit 10.000 ha in der DDR als größtes geschlossenes Obstanbaugebiet galt. Weil die Traktoren der DDR für Obstbauern zu groß waren, behalf man sich hier mit umgebauten, besser gesagt enthäuteten Trabis. Leider geht seit der Wende die Anbaufläche stetig zurück, weil die Supermärkte nicht gerne so kleine geschmacksintensive Früchte ins Regal legen. Das märkische Klima bringt einfach weniger Wasser in Obst und Gemüse als das holländische. Das informative Obstbaumuseum Werder ist jetzt im alten Inselgefängnis untergebracht (Kirchstr. 6, Tel. 0 33 27 / 78 33 74, Sa, So 13-17 Uhr). Die Insel-Windmühle ist unter derselben Nummer zu erreichen und am Wochenende geöffnet.

Seit 1985 baut man am Wachtelberg wieder Wein an, denn das Klima wird wieder wärmer. Man behauptet hier, den nördlichsten Weinberg Europas zu betreiben, in Berlin, das bekanntermaßen

Auf der Insel Werder

nordöstlich liegt, behauptet man dasselbe von sich. Sei es drum.

Für Technikinteressierte lohnt ein Abstecher in das Zweiradmuseum Werder in der Mielestraße 2 ,Tel.: 0 33 27 / 4 09 74, Öz: April bis Oktober Mi, Sa und So 10 -17 Uhr.

Da die Phöbener Chaussee verkehrsreich ist und ich sie extra umgehe, rate ich zur Anfahrt über die Lilienthalstraße durch die Havelauen. Die Gastronomie ist in Werder recht zahlreich.

Einmal im Jahr, zur Baumblüte Ende April, wird ein Fest veranstaltet, zu dem ›ganz Berlin‹ kommt, um den süßen Obstwein zu genießen. Also unter ne halbe Million Menschen kommen da nicht, und traditionell geht es recht feuchtfröhlich zu.

Versetzen wir uns um Jahre zurück, um zu erfahren, wie eine Landpartie zu Fontanes Zeiten am Schwielowsee bewirtet wird: »In diesem Moment, ehe ich noch den Kremser völlig durchmustert hatte, erschien ... (der Wirt) mit einem großen Tablett. Es war ein Morgenimbiss, der für den Rest des Tages einige Perspektiven eröffnete: vier Kulmbacher, vier Werdersche, mehrere Kognak und eine Pyramide von Butterbroten.« »Die Werdersche ... hat einen festen, drei Finger breiten Schaum, feinfarbig, leicht gebräunt, liegt er auf der dunklen doch klaren Flut. Was uns aber ... nach Werder führt..., das ist einfach eine Pietät gegen die besten Freundinnen unserer Jugend, gegen die Werderschen. Jeden Morgen ... hatten wir ihren Stand ... zu passieren, und wir können uns nicht entsinnen, je anders als mit ›Augen rechts‹ an ihrer langen Front vorüber gegangen zu sein. Welche Pfirsiche in Weinblatt!« (Fontane, ›Havelland‹). Interessant ist, wie lange der Transport des Werderschen Obstes samt seiner Verkäuferinnen nach Berlin dauerte: Täglich um 17.30 Uhr fahren die von Hunden gezogenen Obstwägelchen zu den Kähnen, mit dem Glockenschlag 18 Uhr wirft der Raddampfer den mit Körben und Mägden und einer großen Kaffeekanne beladenen Frachtkähnen ein Seil zu und ab geht die Fahrt, bei Einbruch der Dunkelheit ist Potsdam erreicht, um Mitternacht Spandau und mit der Morgendämmerung Berlin.

Anschluss zur Tour Brieselang

Wo diese Route hinter **Marquardt** auf die B 273 trifft, führt eine Straße zum ehemaligen Bahnhof Satzkorn. Sie fahren nicht geradeaus in den neuen Baumarkt, sondern rechts unter Kastanien zum **Güterbahnhof**. Hier kann man die Überführung nutzen oder auf einer zugewachsenen Betonstrecke bis zum nächsten Übergang radeln und fahren Richtung **Fahrland**.

In **Fahrland** lockt Di - So ein großes Restaurant an der Windmühle (Tel. 03 32 08 / 50 35 0). Die Mühle ist hier schon seit 1375 bezeugt, der heutige Bau von 1758 wurde bis 1969 genutzt.

Sie können auch **Fahrland** rechts liegen lassen – schon Fontane gewann ihm nicht viel ab – und gleich links nach **Kartzow** und **Priort** abbiegen. Nur links liegen lassen können

Sie es nicht, da rechts das fast 4.000 ha große Schutz- und Konversionsgebiet **Döberitzer Heide** liegt.

Das Gebiet wird schon seit Kaisers Zeiten als Truppenübungsplatz genutzt, Dörfer wurden entvölkert und der Wald gerodet oder plattgefahren und zerschossen. Heute ist es das dem Großraum Berlin am nächsten gelegene menschenleere Gebiet. In *Kartzow* wurde ein Herrenhaus zur Reha-Klinik umgebaut. In **Priort** steht ein hölzernes Gasthaus zum ›Priorter Weinberg‹.

Frühling im Havelland

Jetzt gibt es einen schönen Schleichweg zwischen Havelkanal und Autobahn. Dazu fahren Sie ein Stuck nach **Kartzow** und biegen am ersten Graben westlich der Autobahn nach Norden ab. Zwischen **Dyrotz** und **Wustermark** müssen Sie kurz auf die B 5, die hier allerdings einen breiten Radstreifen hat. Sie überqueren den Kanal und fahren auf der Nebenstraße von **Wustermark** über **Zeestow** nach **Brieselang**.

Weite, helle Unterhavel

Tour Brieselang: Von Spandau durch viele Wälder nach Brieselang

Spandau – Spektegrünzug – Eiskeller – Schönwalde – Wansdorf – Pausin – Brieselang

Die Namen Eiskeller, Teufelsbruch, Wansdorfer Ober-Heide deuten darauf hin: Hier ist im herkömmlichen Sinn nicht viel los. Eine Gegend, in der sich der gestresste Großstädter so richtig erholen kann. Ohne große Seen allerdings, aber das ist gerade die Bedingung für die Ruhe. Kleine Seen zum Baden gibt's sowohl in Spandau als auch in Brieselang. Stationen der heutigen Tour sind: der historische Schwanenkrug mit der Hirschkopfeiche, die Schönwalder Schleuse, die 12-Brüder-Buche im Wald auf dem Glien (Lehm), das verschlafene Pausin, das Forsthaus Brieselang. Jahrelang war das Gebiet nordwestlich Berlins durch die Folgen des Kalten Krieges ins Abseits geraten und litt unter starkem Bevölkerungsschwund. Etwa ein Drittel der Einwohner war von Falkensee fortgezogen. Nun boomt die Siedlung wieder. Aber nördlich davon sagen sich noch Fuchs und Igel Gute Nacht!

Start:	*Bf. Spandau (S-Bahn und RE 2, RE 4, RB 14)*
Ziel:	*Bf. Brieselang oder Finkenkrug (RB 10, RB 14)*
Streckenlänge:	*33 km (oder 39 bis Bf. Finkenkrug)*
Steigungen:	*Geringfügige, aber lustige kleine Knubbel*
Streckenprofil:	*Meist Asphalt oder feste Waldwege, kaum Pflaster*
Sehenswürdigkeiten:	*Havelkanal, LSG Brieselang, Falkensee, Heimatmuseum, Zitadelle Spandau*
Verknüpfungen:	*Tour Tegel und Tour Unterhavel*
Wegweisung:	*erst Mauerradweg, ab Mitte 2003 dann Havelland-Radweg, auf der ADFC Regionalkarte Potsdam komplett als Tour 8 dargestellt*

Forst Brieselang im Sommer

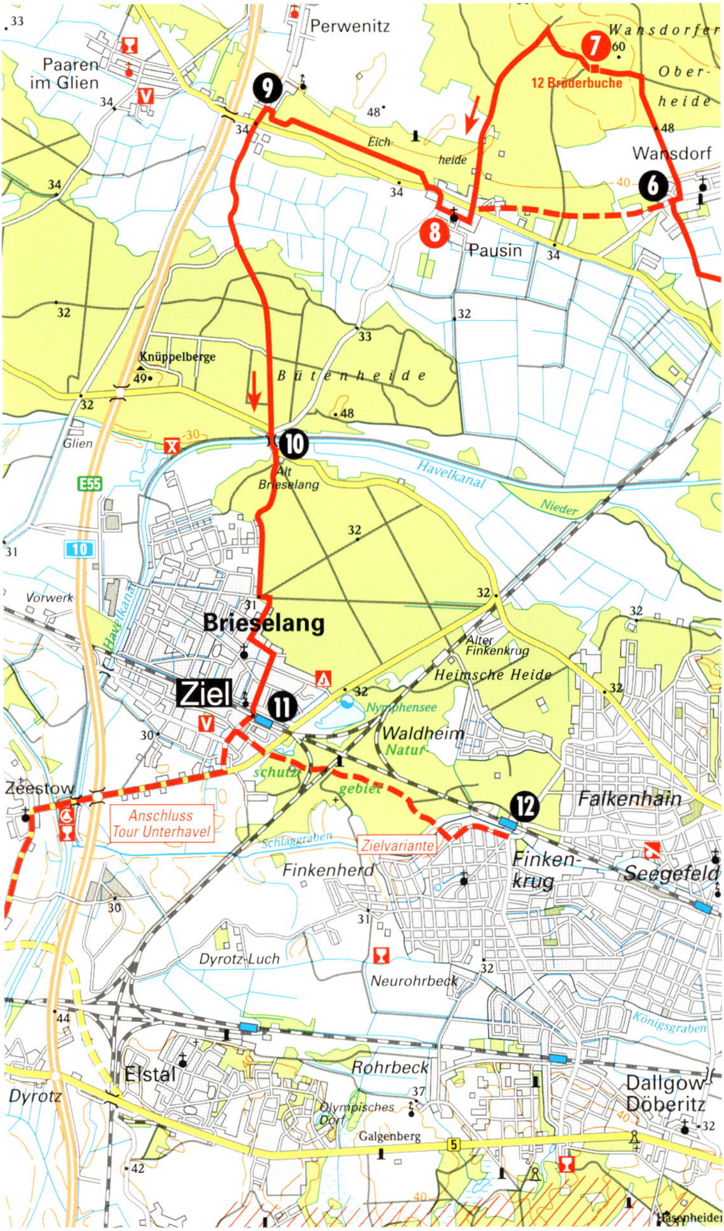
Perwenitz
Paaren im Glien
Wansdorfer Oberheide
12 Brüderbuche
Eich-heide
Wansdorf
Pausin
Knüppelberge
Bütenheide
Glien
E55
Havelkanal
Nieder
Alt Brieselang
Brieselang
Vorwerk
Alter Finkenkrug
Heimsche Heide
Ziel
Nymphensee
Waldheim
Naturschutzgebiet
Zeestow
Anschluss Tour Unterhavel
Schlaggraben
Zielvariante
Falkenhain
Finkenherd
Finkenkrug
Seegefeld
Dyrotz-Luch
Neurohrbeck
Königsgraben
Elstal
Rohrbeck
Dallgow-Döberitz
Dyrotz
Olympisches Dorf
Galgenberg
Hasenheide

Zeichenerklärung
siehe Tour Tegel
Maßstab
0
1
2
3 km
Bötzow
Hennigsdorf
Kunsthalle
Muhrgraben
Neuen-
dorfer
NSG
Wansdorfer
Schönwalde
Havelkanal
Unterheide
Nieder
Neuendorf
Schönwalde
Siedlung
Nieder Neuen-
dorfer Kanal
Grenzturm-
museum
Havel
Anschluss
Tour Tegel
Schönwalde-
Siedlung
Berliner
Rehberge
Forst
Bauernheide
Schönheide
BERLIN
Kuhlake
Spandau
Wildgehege
Falkenhagener See
Falkenhagen
Falkenhöh
Neuer See
Falkensee
Neustadt
Albrechts-
hof
Falkenhagener
Feld
Zitadelle
Altstadt
Start
Staaken
Spandau

Die Tour auf einen Blick

Nr.	km	Beschreibung
1		**Bhf. Spandau**
1a	2	Abstecher zur **Zitadelle Spandau**
2	4,2	**Spektelake**, *An der Tränke* re, *Goldkäferweg, Maikäferweg* li, *Grenzweg* re bis **Eiskeller**, dort sanft re bis zur **Steinernen Brücke**, hier scharf li auf den *Havellandradweg* neben der *Berliner Allee.*
3	12,2	**Schwanenkrug** und **Hirschkopfeiche** weiter neben der Fehrbelliner Str. zum
4	13,6	**Havelkanal**, re auf radweg neben der Landstraße nach
5	15	**Schönwalde**, hier li in die Dorfstr., an der Kirche vorbei; Bahnhofsstr., Schwarzer Weg,
6	19,5	**Wansdorf**, Dorfstr. li
7		Umweg zur **12-Brüder-Buche** (+3,4 km) Wansdorfer Weg,
8	22,5	**Angerdorf Pausin**, geradeaus, am OE re Perwenitzer Weg, gleich wieder li in Waldweg
9	23,4	**Perwenitz** *Dorfstr.* li, dann geradeaus
10	30,5	**Forsthaus Brieselang**, schräg rechts in *Waldweg* (Blaue Markierung)
11	33	**Bhf. Brieselang**
12	38,8	**Bhf. Finkenkrug**

Sportliche Fahrer können über die 4 km kurze Verbindung über den Mauerradweg nach **Niederneuendorf** und damit den Anschluss zur **Tour Tegel** oder die 22 km lange Verbindung von **Brieselang** nach **Marquardt Tour Unterhavel** nutzen. Beachten Sie diese Hinweise an den entsprechenden Stellen im Text.

Spandau ist wie **Köpenick** ein Berliner Bezirk mit ausgeprägtem Eigenleben, einer sehenswerten **Altstadt** und Zitadelle. Sonntags und außerhalb der Öffnungszeiten ist die **Altstadt Spandau** ruhig, denn es sind die Geschäfte, die die Fußgängerzone *Carl-Schurz-Str.* beleben. Oft sind Straßennamen (besonders in Berlin) ja eine Parade alter Fürsten, aber in **Spandau** ist alles etwas anders: Schurz war mit Kinkel (heute die Parallelstraße) befreundet, beide waren am Aufstand von 1848 beteiligt. Schurz – dem reicheren Professor – gelang die Flucht in die Schweiz, Kinkel – dem Studenten – nicht. Aber nun kommts: Schurz kommt wieder heimlich aus der Schweiz

Im herbstlichen Brieselang

nach **Spandau**, befreit Freund Kinkel 1850 aus dem Gefängnis. Sie trennen sich, um die Verfolger abzuschütteln, dem jetzt mit Geld vom Freund ausgestatteten Kinkel gelingt die Flucht über Warnemünde nach England und Schurz, nein dies ist eine Geschichte mit Happy End: hat immer noch Geld – er nimmt das nächste Schiff nach Amerika und wird dort Minister. Ist das nicht schön?

Schön oder zumindest beachtlich ist in der **Nikolaikirche** der 8 m hohe reich dekorierte Gruftaltar (!) des Grafen Lynar von 1582. Was war der Graf wohl von Beruf? Ja, Festungsbaumeister! Womit wir schon beim eigentlichen Spandauer Prunkstück wären, der **Zitadelle** 1a (Abstecher + 2 km). Lynar übernahm den Bau ab 2 km 1578, zuvor hatte der Venezianer Gandino mit 200 italienischen Gastarbeitern dieses Gebäude auf den Stand der damaligen Mode und Technik gebracht. Aber erst um 1600 wurde die Zitadelle eine uneinnehmbare Festung mit 200 m Kantenlänge. Das fast freundliche Kommandantenhaus hat eine jüngere Fassade erhalten. Natürlich bestand hier schon viel länger ein bewachter Havelübergang. Sie kennen ja sicher den **Juliusturm**, wo nach 1871 die 5 Mrd. Francs gelagert wurden. Der Turm stammt vermutlich aus der Zeit um 1200. Damit sind wir nun wirklich bei der ersten stabilen vorzeigbaren Architektur im Berliner Sand und Sumpf angelangt.

Eigentlich hätte alles kaputt gehen müssen, weil natürlich gegen Ende des 2. Weltkriegs diese Festung gehalten werden sollte. Aber die deutschen Verteidiger waren klüger als ihre Befehlshaber und verhandelten mit den Russen, die über eine Strickleiter hereinkamen. Die Russen hatten Mitleid mit dem Häufchen halb verhungerter Volksstürmler und zerschossen die Festung nicht. Nach drei Tagen Bedenkzeit ergab sich die Besatzung. Inzwischen ist die Festung Unterkunft für bis zu 10.000 Fledermäuse, aber die sind am Tage nicht zu sehen. Das Museum der Zitadelle ist wie immer Mo geschlossen (Tel. 030 / 354 94 42 00, www.zitadelle-spandau.net), doch bieten sich Freitag- und Samstagabend um 20 Uhr die Vampirführungen des Vereins Vespertilio (›Fledermaus‹; Tel. 030 / 79 70 62 87) für einen einzigartigen Ausklang der Tour an.

Vom neuen **Bf. Spandau** führt der Spektegrünzug bis zum Stadtrand mit dem alten Grenzstreifen. Leider ist der Weiterbau der Grünanlagen vor einiger Zeit ins Stocken geraten und somit die Routenführung etwas kompliziert.

Sie verlassen den **Bahnhof** ❶ in Richtung *Altstädter Ring*, gehen aber nicht auf die Rathausseite, sondern wie ein Fußgänger auf der linken Seite bis zur riesigen **Bushaltestelle**, da beginnt ein Parkweg, der Sie direkt zum Spektegrünzug führt. Auf dem *Spekteweg* fahren Sie links bis zum **Großen Spektesee**. Sie umrunden ihn, egal wie rum, es geht auf jeden Fall schnell, da der See recht klein ist. Weiter geht's im Spektegrünzug Richtung Westen. Teils existieren schöne Radwege aus rotem Asphalt.

4,2 km Am **Kiesteich Spektelake** ❷ (Bademöglichkeit) fährt man am besten rechts vorbei und durch eine ruhige Gartenhaussiedlung. Die Straßennamen klingen richtig: *An der Tränke* rechts, *Goldkäferweg*, *Maikäferweg* links bis man hinter der *Falkenseer Chaussee* auf den befestigten *Berliner Zollgrenzweg* trifft, dem wir rechts bis **Schönwalde** folgen.

Abseits von Verkehr und Häusern wellt sich der Mauerweg über die sandigen Dünen, die uns die Eiszeit hier gelassen hat. Wusch und husch immer wieder, da lernt man schalten, oder man schiebt.

Wir kommen durch die Wälder und die Wiesen zum **Eiskeller**, hier werden immer die tiefsten Nachttemperaturen Berlins gemessen, daher der Name. Auf der super glatten, von vielen Skatern genutzten Zufahrt geht's dort sanft rechts bis zur **Steinernen Brücke**, hier scharf links auf den *Havellandradweg* neben der *Berliner Allee*.

Zitadelle Spandau

Der **Mauerweg** wurde 2005 endlich ausgeschildert. Vielerorts hat sich dieser Weg zu einem beliebten Freizeitradweg entwickelt. Immerhin lässt sich hier (noch) auf über 10 km ohne Verkehrsstress kreuzungsfrei radeln. (Anschluss: Der Weg bietet von hier bequemen Anschluss an die Tour Tegel)

Autos sehen und riechen wir erst wieder an der Brücke über den kleinen Niederneuendorfer Kanal. Aus Radfahrersicht bedauerlich ist die Öffnung der *Schönwalder Allee* für den KFZ-Verkehr. Aber gleich hinter der Brücke empfängt uns der ausgebaute und ausgeschilderte *Havellandradweg,* der seit 2003 bis **Rathenow** führt.

Nach kurzer Zeit gelangen wir an einen schönen alten Aus-
12,2 km flugsgasthof – den **›Schwanenkrug‹** ❸. Der aus dem 18. Jh. stammende Krug hat eine strenge Fachwerkkonstruktion. Seine Front fällt durch den praktisch überbauten Eingang auf. Die Wirtschaft gehörte schon immer zu **Spandau**, früher durfte dort nur Spandauer Bier ausgeschenkt werden. Gegenüber stehen in einer Reihe alte Eichen, eine verzweigt sich sehr auffällig und wird deshalb ›Hirschkopfeiche‹ genannt.

Wir rollen links der Berliner und der Fehrbelliner Straße bis zu einer Tankstelle und jetzt geht es nach rechts ab. Wir begleiten kurz die stärker befahrene Landstraße nach Schönwalde auf einem glatten und breiten Radweg.

13,6 km Dabei überqueren wir den **Havelkanal** ❹, den die DDR-Regierung 1952 von 7000 Arbeitern bauen ließ, um West-Berlin umgehen zu können. Wertvolle Moorlandschaften wurden dabei zerstört. Der Kanal verbindet die obere Havel vom Stahlwerk Hennigsdorf aus mit der unteren bei Ketzin. Ca 1 km westlich liegt die Schleuse. Dem Verlauf liegt der sehr alte und über 70 km langen Havelländische Hauptgraben zugrunde, der bereits um 1725 fertig war. Er verlässt die Havel im Niederneuendorfer See und erreicht sie wieder unterhalb des Hohennauener Sees.

15 km In **Schönwalde** ❺ biegen wir links ab auf die Dorfstraße und Bahnhofstraße, an deren Ende der stillgelegte Haltepunkt von **Schönwalde** lag. Hinter der Kirche geht unser Weg beschildert weiter und wir befinde uns wieder in verkehrsfreier Stille und können die Landschaft genießen.

19,5 km Jetzt geht es mit einigen Schlenkern durch die Wansdorfer Unterheide nach **Wansdorf** ❻.

Man kann die Strecke nicht verfehlen, da sie durchgängig mit dem Zeichen für den HVL-Radweg ausgeschildert ist. Da man auf dem glatten Weg sehr schnell vorwärts kommt, bietet sich noch eine schöne **Zusatzrunde** in den großen Wald oberhalb von Wansdorf an:

Auf dem mit R 9 ausgeschilderten Rad- und Reitweg von **Wansdorf** hoch in den Wald.

12 Brüder-Buche

Der Weg wurde nach der Wende von ABMlern aufgearbeitet und ist daher noch ziemlich fest. Der Wald im Ländchen **Glien** ist recht abwechslungsreich, der Boden nicht so sandig. Sprachkundige wissen warum: **Glien** war die slawische Bezeichnung für Lehm. Wer sich jedoch Hoffnung auf die in manchen Karten verzeichnete Wirtschaft im Walde macht, wird enttäuscht. 50.000 Mark sollte die Elektrifizierung des alten ›*Ziegenkrugs*‹ kosten, da wollte ihn keiner mehr betreiben. Die nächste Einkehrmöglichkeit ist das *Wirtshaus an der Saubucht*, dass aber nicht an einem See liegt und auch nur auf mäßigen Wegen zu erreichen ist. Ein alter Postweg im Forst wurde wieder hergestellt.

Ein bekanntes Naturdenkmal ist die **12-Brüder-Buche** ❼ (3,4 km Umweg), zu der Wegweiser führen. Eigentlich handelt es sich um zwölf Bäume, nicht um einen, die aus derselben Wurzel kommen. Es macht wenig Sinn, von hier wieder nach **Wansdorf** zurückzufahren, halten Sie sich zuerst geradeaus und fahren dann auf dem Eichstädter Weg wieder links und stoßen in **Pausin** wieder auf den ausgebauten *Havellandradweg*.

Die beiden Varianten für die Waldliebhaber und für diejenigen Radler, die auf der Straße weiterfahren, treffen im
22,5 km nächsten Ort, **Pausin** ❽, wieder zusammen.

Der Ort ist ein Kleinod. Erst am Ortsrand treffen wir auf neuere Bebauung. Straßen um den Dorfanger sind erst nach der Wende befestigt worden. Zur Pause bietet sich die Waldschänke an (Do Ruhetag).

Der HVL-Radweg folgt hier einer alten Eisenbahn. Es handelt sich um die Kleinbahn von Velten nach Nauen. Vor dem Bau des Berliner Außenrings war dies die einzige Bahn hier in der Gegend, danach verlor sie ihre Funktion.

Von **Pausin** aus fahren wir in die *Perwenitzer Str.* und gleich noch mit der Beschilderung ein kurzes Stück durch den
23,4 km Wald auf dem HVL-Radweg bis **Perwenitz** ❾. Hier biegen wir neben der *Dorfstraße* links ein und fahren an der großen Kreuzung östlich der Autobahn geradeaus nach Süden in die Bütenheide, dem nördlichen Teil des **Forst Brieselang**.

Der tief liegende Wald hat einen hohen Grundwasserstand und ist Landschaftsschutzgebiet, zu erkennen an der Eule auf den Holzschildern. Vor dem Bau des Kanals gab es hier mehr Wasser, und der Wald galt als einer der reizvollsten Mischwälder in der Umgebung Berlins. Fontane widmet ihm daher in ›Havelland‹ 20 Seiten: »In Tagen sommerlicher Lust: Mai, Juni, Juli und August vergeht kein Tag, wo nicht Scharen von Besuchern den Brieselang umschwärmten. Aber die Tausende, die kommen, ... begnügen sich damit, den Zipfel seines Gewandes zu fassen, die Parole lautet nicht ›Brieselang‹, sondern ›Finkenkrug‹. Nur wer erst bei der Königseiche steht, der hat den Brieselang hinter sich und kann mitsprechen.« Nach diesen markigen Worten folgt der gemütliche Teil: »Es ist Sonntag vor Pfingsten. Wir haben den Elfuhrzug benutzt, und die Sonne steht bereits in Mittag, als wir landen.«

Der alte Herr lässt es ruhig angehen. Na, Wandern hieß bei ihm sowieso nicht mit Rucksack und Stock über Stock und Stein ... alles, was das Vorankommen erleichterte, wurde zu Hilfe genommen. Kein Wunder bei der schnellen Zugverbindung. Ein Ullsteinbüchlein meines Urgroßvaters gibt 1911, dreizehn Jahre nach Fontanes Tod, die Fahrtzeit Lehrter Stadtbahnhof – Finkenkrug mit nur 40 Minuten an. Interessant auch der Fahrpreis: 2. Klasse 70

Pfennig. Das war nicht gerade billig – immerhin kostete das 155 Seiten starke Buch mit 52 Karten gerade 80 Pfennig!

Den alten ›Finkenkrug‹ fänden wir heute im dicken Verkehr auf dem Weg zur Autobahn, auf der Höhe des Eisenbahnaußenrings. Aber eine dicke Eiche in der Bütenheide, auf die die Beschreibung Fontanes zutrifft, passieren wir 1 km nördlich des Kanals. Sie ist mit kyrillischen Buchstaben ›verziert‹ was darauf hinweist, dass auch bei den Besatzern Eichen hoch im Kurs standen.

Wir weichen auf den *blau markierten Wanderweg* aus, der gleich hinter dem Kanal am **Forsthaus Brieselang** ⑩ 30,5 km
schräg rechts abgeht. (Leicht zu übersehen!) Erst durch Wald und später durch lockere Besiedelung führt der Weg zum

Bahnhof Brieselang ⑪. Zur Einkehr empfiehlt sich das 33 km
Hotel und Restaurant ›Zum Ersten Siedler‹ (*Karl-Marx-Str.* 68, Tel. 03 32 32 / 361 53), zum Baden gibt es den Nymphensee.

Rückfahrt ab **Bf. Brieselang** oder **Finkenkrug** halbstündlich bis Spandau, stündlich direkt in die Berliner Innenstadt. Die Wartezeit können Sie sich am Kiesteich Nymphensee (Bademöglichkeit) verkürzen.

(Für die Sportlichen besteht von hier der Anschluss an die Tour Unterhavel.)

Für diejenigen, die bis **Finkenkrug** weiterfahren, geht es schön durch Mischwald weiter: Südlich des Bahnhofs über *Forstweg – Brieselanger Weg* – stets gradaus am **Forsthaus Bredow** vorbei – unter dem Ring durch – dann nicht mehr die Bahn nach **Falkensee** queren, sondern leicht rechts über Naturlehrpfad – **Forstweg** – links in die *Ringstraße* zum **Bahnhof Finkenkrug** ⑫. 38,8 km

Ab jetzt beginnt wieder der Besiedlungsraum des Berliner Speckgürtels, daher rate ich Ihnen – genau wie unser Fontane – sich wieder den komfortablen Waggons der Bahn anzuvertrauen. Die Fahrtzeit beträgt nach Charlottenburg nur 18 Minuten. Da kann man doch nicht meckern.